# ATLAS VISUAL

## DE LA
## TIERRA

**Texto:** Susanna van Rose
**Ilustración:** Richard Bonson

 Bruño

## ES UN LIBRO DORLING KINDERSLEY

**Texto:** Susanna van Rose

**Ilustración:** Richard Bonson

**Revisión científica:** Francisca Liñán del Burgo
Julio Soriano Gutiérrez

**Traducción:** Diorki, S.L.

**Coordinación editorial:** Bruno Bucher

ISBN - 84-216-2574-8

**Coordinadora de producción:** Mar Morales
**Fotocomposición y montaje:** Fot•Jomar'd, Zaragoza
**Fotomecánica:** Dot Gradations, Essex
**Impresión y encuadernación:** New Interlitho, Milán

# SUMARIO

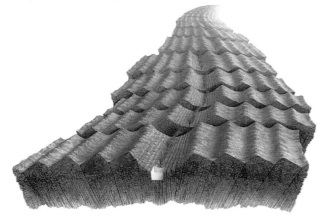

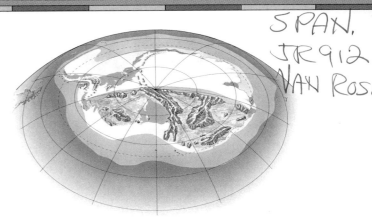

# LA TIERRA EN UN LIBRO

¿CÓMO SE PUEDE comprimir en las páginas de un libro toda la Tierra, desde las altas montañas a los profundos valles, desde los vastos océanos a las llanuras desérticas? A fin de explicar cuál es el aspecto de la Tierra, se emplean diversas formas de mostrar la esfericidad terrestre sobre el papel plano. La superficie rocosa exterior donde viven los seres humanos y los animales sólo constituye una pequeña parte de la totalidad del planeta. Para entender las fuerzas que han originado y modificado esa superficie, algunas ilustraciones del libro cortan de arriba abajo las capas terrestres hasta su centro, a altísimas temperaturas. Además, los mapas, las fotografías y los gráficos ayudan a mostrar la enorme variedad de los paisajes del globo y explican cómo se crearon. En conjunto, los distintos elementos de este volumen revelan el modo en que realmente funciona la Tierra.

*América*   *África y Europa*   *Asia oriental y Oceanía*   *El Pacífico*

## Las cuatro caras de la Tierra

Dado que la Tierra es redonda, no pueden verse todas sus caras a la vez. Arriba se muestran cuatro dibujos diferentes del planeta representativos del aspecto de distintas zonas. La mayor parte de las páginas del libro presentan una de estas caras terrestres para orientar sobre la localización de las principales ilustraciones del tema tratado.

## Explicación de una página

La doble página que aparece bajo estas líneas muestra el modo en que se distribuye la información en el libro. La introducción proporciona un resumen de los datos y conceptos más importantes. En la mayor parte de las páginas se representa un lugar concreto de la Tierra elegido para mostrar un rasgo geográfico particular. Los detalles se explican en ilustraciones de menor tamaño.

*Recuadro que indica la zona representada en la principal ilustración*

*Recuadro que indica la zona representada en el mapa*

## Explicación de los mapas

El dibujo del planeta incluye un recuadro indicando la zona que se muestra más detalladamente en el mapa. De este mapa se deriva una sección de la superficie terrestre que se separa hasta quedar horizontal. Esta sección es la que aparece representada en la principal ilustración. Las zonas que no se representan se marcan con líneas discontinuas.

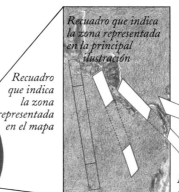

*La zona discontinua del centro no aparece en la ilustración*

*La ilustración representa esas dos zonas del mapa*

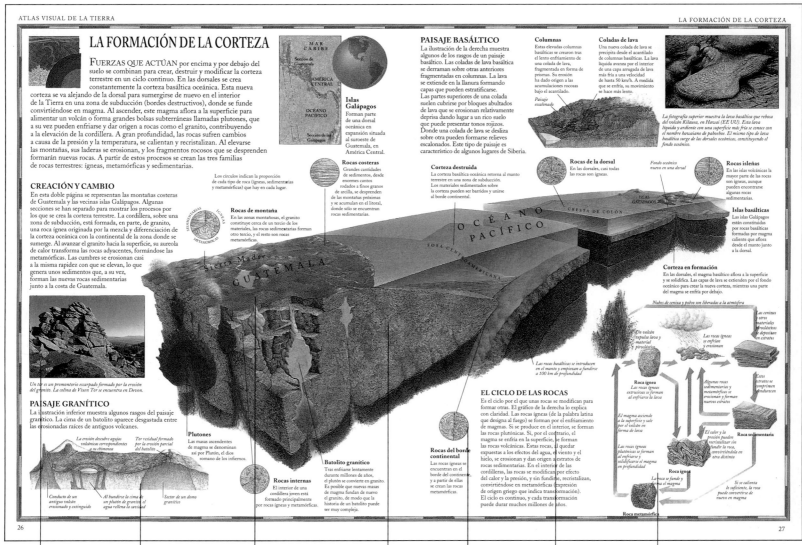

## Secciones de montañas

Algunas de las ilustraciones principales muestran grandes porciones de la Tierra. En este dibujo, que representa el Himalaya y el Tíbet, se muestra un corte de cientos de kilómetros de longitud. La cordillera del Himalaya, la más alta de la Tierra, parece diminuta sobre el papel.

*La sección de la Tierra que se representa en la ilustración aparece recuadrada en el dibujo*

*La sección se separa y se coloca en posición horizontal*

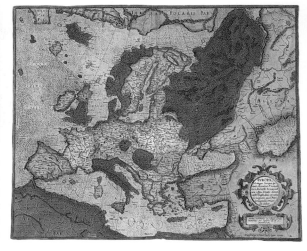

*Los mapas antiguos (derecha) se basaban tanto en la imaginación como en la realidad. Hoy, los cartógrafos pueden verificar la precisión de sus mediciones comparando sus mapas con las fotografías de los satélites (arriba).*

## La cartografía

Aunque la Tierra es casi redonda y se representa con mayor precisión en un globo, los mapas planos proporcionan imágenes muy completas de grandes zonas. Los mapas de este libro sirven para mostrar las zonas específicas representadas en las ilustraciones. Otros mapas muestran las grandes cordilleras, los desiertos y las regiones heladas de la Tierra.

*Una vez en su posición horizontal, la ilustración se entiende con facilidad.*

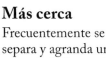

## Más cerca

Frecuentemente se separa y agranda una parte de la ilustración principal para facilitar la visión de los detalles. Esta sección, por ejemplo, muestra el aspecto de las rocas en el interior de las montañas.

*Este bloque se corta del dibujo principal y se amplía*

## Bajo la superficie

Los bloques separados de la ilustración no sólo nos enseñan la superficie terrestre, sino su continuación en las capas inferiores, lo cual constituye a veces una gran ayuda para entender el paisaje y las rocas de dicha superficie.

*Estas líneas discontinuas indican las secciones que se suprimen*

*Sección más alejada*

*Sección de la parte central del glaciar*

*Sección del extremo o lengua terminal del glaciar*

## Cortes

Esta ilustración del glaciar Athabasca, en Canadá, muestra las partes interna e inferior del glaciar, que normalmente no pueden verse. El interior del glaciar se representa en cortes sucesivos y separados para ofrecer una mejor visión. En uno de los cortes se ha borrado el glaciar junto con los cantos y los fragmentos de roca atrapados en el hielo, con el objeto de mostrar la superficie rocosa inferior.

## La acción del tiempo

El paisaje siempre está cambiando, pero por lo general lo hace muy despacio. Este libro explica las fuerzas que modifican continuamente la superficie terrestre. A veces los cambios se producen con rapidez. La erupción volcánica del monte St. Helens (EE UU) hizo saltar una de sus laderas en pocas horas (derecha). Otros cambios se producen con lentitud, a lo largo de decenas de millones de años. Ilustraciones como las que figuran abajo sirven para mostrar estos cambios.

*El monte St. Helens antes de su erupción.*

Así sería un paisaje de hace 100 millones de años. Los dinosaurios deambulaban por los terrenos pantanosos dejando sus huellas en la arena húmeda.

El mismo lugar 40 millones de años después. Los dinosaurios se han extinguido y sus huellas quedaron enterradas hace tiempo. La tierra se ha hundido bajo las aguas de un mar joven y poco profundo.

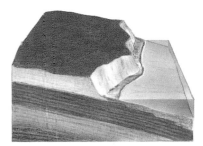

Actualmente el mar se ha retirado dejando tras de sí tierra firme. El cieno que formaba el fondo marino se ha endurecido formando creta, cuya erosión ha producido un acantilado.

*Después de la erupción aparece una gran cavidad donde antes estaba la cumbre.*

# LA TIERRA ES ÚNICA

EN MUCHOS SENTIDOS, la Tierra es única dentro del conjunto de planetas del Sistema Solar. Se encuentra envuelta en una nube de gases llamada atmósfera. Uno de estos gases, el oxígeno, tiene un efecto muy especial: permite que exista la vida. El oxígeno constituye una decisiva quinta parte de la atmósfera terrestre; si la proporción fuera un poco mayor, las plantas se incendiarían espontáneamente. Las aguas cubren la mayor parte de la superficie del planeta, moderando las temperaturas y liberando a la atmósfera una importante cantidad de vapor. Los continuos flujos del núcleo terrestre crean un campo magnético que protege a la Tierra de las radiaciones del espacio exterior. Otros movimientos internos transforman lentamente la superficie, de manera que la corteza se renueva o modifica de manera constante.

## EL INTERIOR DE LA TIERRA

En relación con la enorme masa interna de la Tierra, la superficie rocosa sobre la que vivimos es sólo como una cáscara de huevo. Esas rocas se componen principalmente de oxígeno y silicio, junto con algunos metales. Por debajo se encuentra una gruesa capa de rocas más pesadas: el manto. Éste envuelve al núcleo interno y externo. El núcleo interno, sólido y metálico, es la parte más densa del planeta. El núcleo externo, también metálico, es líquido y se mueve continuamente, lo que da origen a un campo magnético en constante cambio.

### La Tierra en la imaginación

Los pueblos antiguos no disponían de medios para conocer el interior de la Tierra. La ilustración de abajo representa el mundo según los babilonios. Se trata de una montaña redonda con una cavidad que se alza sobre el agua. El cielo, con estrellas fijas, es una cámara hueca. El Sol asciende cada día por una puerta al este y se pone por otra puerta al oeste. Ni siquiera hoy ha podido obtenerse una muestra del núcleo y del manto. La mayor parte de lo que sabemos se deriva de mediciones indirectas.

### El aire del planeta

La mezcla de gases y vapor de agua que envuelve la Tierra es su atmósfera. Sus blancas y arremolinadas nubes se hallan en constante movimiento, calentadas o enfriadas por el contacto con tierras y mares o dislocadas por efecto de la rotación terrestre.

### El agua del planeta

Tres cuartas partes de la superficie terrestre se hallan cubiertas por agua, principalmente en los grandes océanos.

### La corteza

La superficie sólida y rocosa sobre la que vivimos es la corteza. Es más gruesa en los continentes y más delgada en los fondos oceánicos.

### Litosfera y astenosfera

La parte más externa del manto se halla firmemente unida a la corteza. Juntas, constituyen la litosfera (expresión griega que significa «esfera de rocas»), de un espesor de 100 km. Por debajo de ella se encuentra una capa de otros 300 km formada por rocas más calientes y blandas. Es la astenosfera, que en griego significa «esfera débil».

### El manto

El manto es un grueso caparazón de silicatos que constituye cerca de las nueve décimas partes del volumen total de la Tierra. Aunque es sólido, va circulando lentamente a lo largo de millones de años.

### El planeta verde

Las plantas que viven en la superficie terrestre dan un color verde a los continentes. Absorben el dióxido de carbono de la atmósfera y lo utilizan para crear la materia orgánica. En ese proceso se genera oxígeno, que es aprovechado por los hombres y los animales.

### Las tierras del planeta

La tierra firme sólo cubre una pequeña parte de la superficie planetaria, allí donde los continentes se elevan sobre el nivel del mar.

### Núcleo externo

En torno al núcleo interno sólido se halla el núcleo externo líquido. Está formado por hierro (88 %) y níquel (12 %) fundidos cuya temperatura es ligeramente más fría (5 500 °C) que la del núcleo interno, y soporta una presión menor. El movimiento del ardiente líquido genera el campo magnético de la Tierra. Los cambios en la intensidad y la polaridad de dicho campo se encuentran relacionados con los cambios de esa circulación.

### Núcleo interno

En el corazón del planeta se encuentra su núcleo interno, constituido por los mismos metales que forman el núcleo externo. En esta zona la temperatura es tan elevada (6 000 °C) que los metales deberían fundirse, pero la enorme presión hace que se compriman y adopten el estado sólido.

## El solsticio de verano

El 21 de junio la inclinación del eje de la Tierra hace que los rayos del Sol incidan de manera más intensa y directa en el hemisferio norte. En el Círculo Polar Ártico la luz diurna se mantiene durante 24 horas; es el día más largo de dicho hemisferio.

**Verano en el hemisferio norte**

*Nota: este dibujo no está hecho a escala.*

**Primavera en el hemisferio norte**

## El equinoccio de primavera

Durante el equinoccio de primavera, el 21 de marzo, el Sol incide perpendicularmente sobre el ecuador. Los días y las noches duran lo mismo en todo el planeta. Equinoccio significa «noches iguales».

**Invierno en el hemisferio norte**

## El equinoccio de otoño

Al igual que en el equinoccio de primavera, durante el equinoccio de otoño el Sol incide perpendicularmente sobre el ecuador. El día y la noche vuelven a tener la misma duración en ambos hemisferios.

**Otoño en el hemisferio norte**

## El solsticio de invierno

El 21 de diciembre la inclinación de la Tierra hace que la luz y el calor del Sol incidan perpendicularmente en el trópico de Capricornio. Es el día más largo en el hemisferio sur. En el norte se vive el día más corto y la noche más larga.

## LA ÓRBITA TERRESTRE

Como los demás planetas, la Tierra gira alrededor del Sol; la trayectoria completa dura un año y se denomina órbita. Esta trayectoria no es exactamente circular, sino que describe una línea elíptica. La Tierra gira también alrededor de una línea imaginaria entre sus polos Norte y Sur. Cada vuelta completa dura 24 horas. Cuando la luz del Sol ilumina una de las mitades del globo, en esa zona es de día, mientras que la otra mitad se encuentra en la oscuridad de la noche. Las estaciones (arriba) se producen por efecto de la órbita y de la inclinación del eje de rotación.

*Un bello efecto del magnetismo terrestre es la aurora polar. Se trata de un resplandor trémulo que puede verse en el cielo nocturno de las regiones ártica y antártica. Los polos magnéticos de la Tierra atraen en la atmósfera partículas con carga eléctrica, las cuales irradian una luz coloreada.*

### Las placas

La litosfera terrestre está fracturada en placas, de las cuales menos de una docena son grandes y muchas otras son pequeñas. Estas placas se desplazan de manera lenta e ininterrumpida, por ello se mueven tanto los continentes como los fondos marinos.

### La hidrosfera

La capa acuosa de la Tierra, la hidrosfera, incluye los océanos, los lagos, los ríos, las aguas subterráneas, la nieve y el hielo. La hidrosfera cubre casi totalmente la corteza oceánica, con una profundidad media de 5 km. Las aguas rodean y bañan los bordes de los continentes.

### La atmósfera

El espesor total de la atmósfera es de al menos 1 000 km, pero casi todas las moléculas gaseosas se encuentran cerca de la superficie terrestre. La mayor densidad corresponde a los primeros 10 km, la troposfera. Por encima está la estratosfera, donde el aire es más tenue debido a la menor densidad.

*En la estratosfera, un gas de la atmósfera llamado ozono protege a la Tierra de los rayos ultravioletas.*

La parte superior rígida del manto y la corteza forman la litosfera

Corteza continental gruesa

Corteza oceánica delgada

Hidrosfera

Troposfera

Estratosfera

Mesosfera

Termosfera

Exosfera y magnetosfera

## EL EXTERIOR DE LA TIERRA

La superficie sólida y rocosa de la Tierra se encuentra en continuo cambio. En ella las rocas se relacionan e interactúan con la capa acuosa de la hidrosfera y con la capa gaseosa de la atmósfera. Estas turbulentas capas provocan reacciones químicas y físicas en las rocas. Los movimientos del aire y del agua y los cambios de temperatura las fracturan físicamente, mientras que el oxígeno de la atmósfera reacciona con los cationes que las componen para modificarlas químicamente y crear nuevos minerales. Las capas exteriores de la Tierra se encuentran tan vinculadas que cualquier cambio en una de ellas suele afectar a las otras.

# BOMBARDEO DESDE EL ESPACIO

LOS PRIMEROS TIEMPOS DE LA TIERRA se hallan envueltos en el misterio. La mayor parte de los restos de su juventud fueron borrados hace tiempo, pero los acontecimientos de estos primeros y turbulentos miles de millones de años –casi una cuarta parte de la historia terrestre– establecieron los fundamentos del actual planeta. Durante ese tiempo la Tierra se transformó, a partir de una nube de polvo, en un planeta en proceso de enfriamiento y endurecimiento externo y envuelto en un manto de gases. Su primera piel rocosa quedó desgarrada por el impacto de enormes meteoritos. Este bombardeo afectó a la Tierra y a los otros planetas, y continuó a medida que la corteza adquiría el grosor suficiente como para soportar los impactos y se enfriaba permitiendo que el agua de la lluvia se acumulase en los primeros océanos.

## Nubes de gas

La Tierra expulsaba ondulantes nubes de vapor y malolientes gases formados por diversos componentes químicos. La gravedad mantenía cerca de la superficie la mayor parte de estos gases, pero algunos más ligeros escapaban.

*La corteza se enfría sobre el interior caliente*

## Enfriamiento de la corteza

La delgada corteza de la superficie fue adquiriendo mayor grosor. Probablemente, algunos bloques de corteza endurecida se hundían de nuevo en el manto, donde volvían a licuarse. En el proceso de enfriamiento y cristalización se liberaban densas nubes de gases, lo que dio origen a la primera atmósfera terrestre.

## Lluvia de meteoritos

Uno tras otro, los meteoritos impactaban sobre la superficie fundida de la Tierra, cubierta apenas por una fina y quebradiza piel, demasiado blanda como para resistir el bombardeo.

## Una piel agujereada

Cuando un meteorito caía, la roca fundida y caliente salpicaba el exterior del agujero producido en la superficie, mientras el proyectil se sumergía en el incandescente interior. Probablemente afloraban torrentes de lava por el orificio, esparciéndose en gruesas capas a su alrededor.

*Un gran meteorito a punto de caer en la Tierra*

*Tras el impacto, la lava sale del cráter*

## Meteoritos

Estos visitantes del espacio son fragmentos de un posible planeta destruido en una explosión. Algunos, como el de la foto, probablemente proceden del núcleo de aquel planeta.

## Cráteres

Al caer, el meteorito produce un cráter. El impacto puede ser tan fuerte que el meteorito desaparece roto en fragmentos o incluso queda totalmente pulverizado. El Meteor Crater, en Arizona, tiene un diámetro de 1 200 m y una profundidad de 170 m.

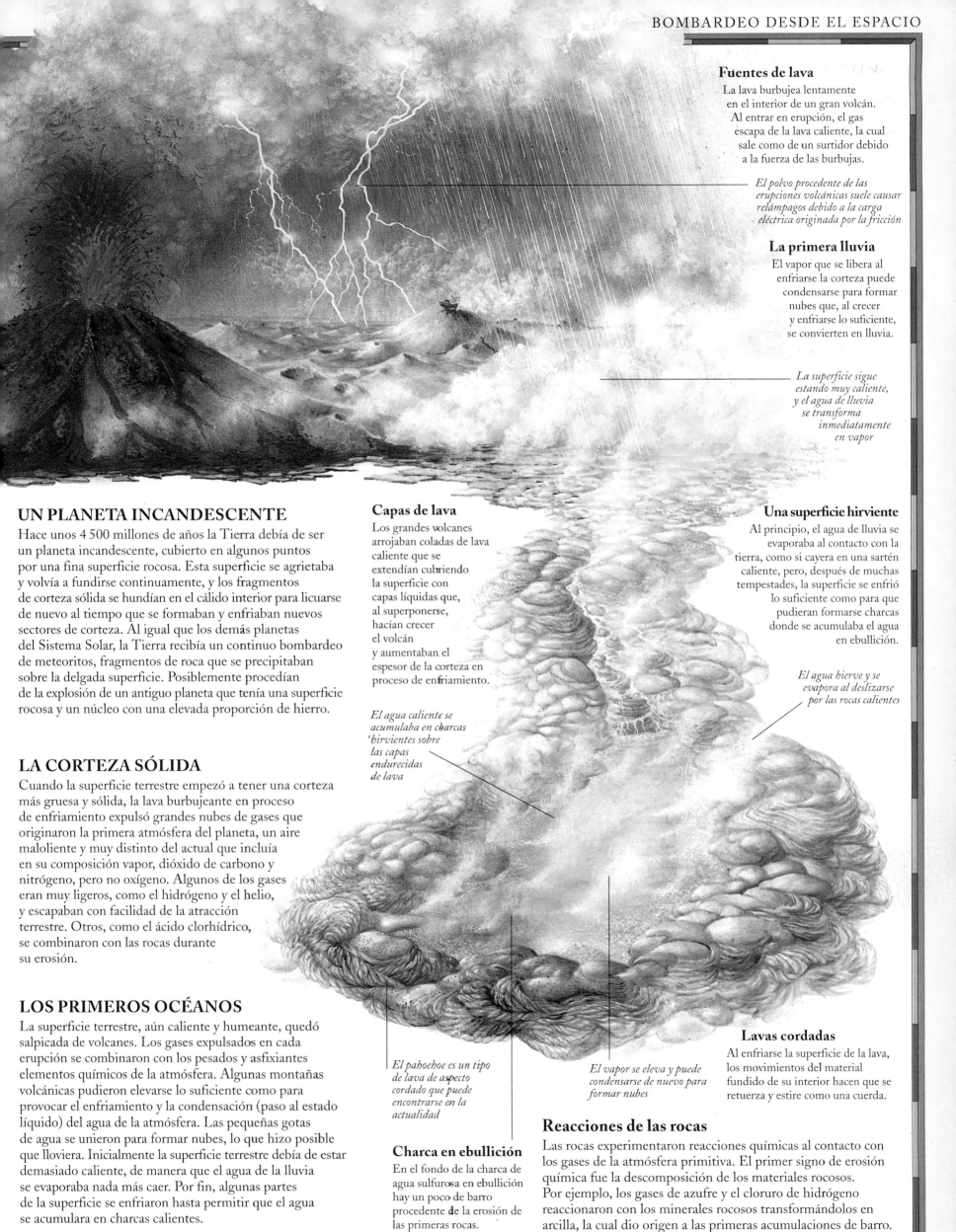

## Fuentes de lava

La lava burbujea lentamente en el interior de un gran volcán. Al entrar en erupción, el gas escapa de la lava caliente, la cual sale como de un surtidor debido a la fuerza de las burbujas.

*El polvo procedente de las erupciones volcánicas suele causar relámpagos debido a la carga eléctrica originada por la fricción*

## La primera lluvia

El vapor que se libera al enfriarse la corteza puede condensarse para formar nubes que, al crecer y enfriarse lo suficiente, se convierten en lluvia.

*La superficie sigue estando muy caliente, y el agua de lluvia se transforma inmediatamente en vapor*

## UN PLANETA INCANDESCENTE

Hace unos 4 500 millones de años la Tierra debía de ser un planeta incandescente, cubierto en algunos puntos por una fina superficie rocosa. Esta superficie se agrietaba y volvía a fundirse continuamente, y los fragmentos de corteza sólida se hundían en el cálido interior para licuarse de nuevo al tiempo que se formaban y enfriaban nuevos sectores de corteza. Al igual que los demás planetas del Sistema Solar, la Tierra recibía un continuo bombardeo de meteoritos, fragmentos de roca que se precipitaban sobre la delgada superficie. Posiblemente procedían de la explosión de un antiguo planeta que tenía una superficie rocosa y un núcleo con una elevada proporción de hierro.

## LA CORTEZA SÓLIDA

Cuando la superficie terrestre empezó a tener una corteza más gruesa y sólida, la lava burbujeante en proceso de enfriamiento expulsó grandes nubes de gases que originaron la primera atmósfera del planeta, un aire maloliente y muy distinto del actual que incluía en su composición vapor, dióxido de carbono y nitrógeno, pero no oxígeno. Algunos de los gases eran muy ligeros, como el hidrógeno y el helio, y escapaban con facilidad de la atracción terrestre. Otros, como el ácido clorhídrico, se combinaron con las rocas durante su erosión.

## LOS PRIMEROS OCÉANOS

La superficie terrestre, aún caliente y humeante, quedó salpicada de volcanes. Los gases expulsados en cada erupción se combinaron con los pesados y asfixiantes elementos químicos de la atmósfera. Algunas montañas volcánicas pudieron elevarse lo suficiente como para provocar el enfriamiento y la condensación (paso al estado líquido) del agua de la atmósfera. Las pequeñas gotas de agua se unieron para formar nubes, lo que hizo posible que lloviera. Inicialmente la superficie terrestre debía de estar demasiado caliente, de manera que el agua de la lluvia se evaporaba nada más caer. Por fin, algunas partes de la superficie se enfriaron hasta permitir que el agua se acumulara en charcas calientes.

## Capas de lava

Los grandes volcanes arrojaban coladas de lava caliente que se extendían cubriendo la superficie con capas líquidas que, al superponerse, hacían crecer el volcán y aumentaban el espesor de la corteza en proceso de enfriamiento.

*El agua caliente se acumulaba en charcas hirvientes sobre las capas endurecidas de lava*

*El pahoehoe es un tipo de lava de aspecto cordado que puede encontrarse en la actualidad*

## Charca en ebullición

En el fondo de la charca de agua sulfurosa en ebullición hay un poco de barro procedente de la erosión de las primeras rocas.

*El vapor se eleva y puede condensarse de nuevo para formar nubes*

## Reacciones de las rocas

Las rocas experimentaron reacciones químicas al contacto con los gases de la atmósfera primitiva. El primer signo de erosión química fue la descomposición de los materiales rocosos. Por ejemplo, los gases de azufre y el cloruro de hidrógeno reaccionaron con los minerales rocosos transformándolos en arcilla, la cual dio origen a las primeras acumulaciones de barro.

## Una superficie hirviente

Al principio, el agua de lluvia se evaporaba al contacto con la tierra, como si cayera en una sartén caliente, pero, después de muchas tempestades, la superficie se enfrió lo suficiente como para que pudieran formarse charcas donde se acumulaba el agua en ebullición.

*El agua hierve y se evapora al deslizarse por las rocas calientes*

## Lavas cordadas

Al enfriarse la superficie de la lava, los movimientos del material fundido de su interior hacen que se retuerza y estire como una cuerda.

# EL AMANECER DE LA TIERRA

LOS PRIMEROS 2 500 millones de años constituyen la historia arcaica (palabra griega que significa «principio») de la Tierra. Se formó una corteza rocosa y la superficie se enfrió lo suficiente como para permitir la acumulación del agua de lluvia en charcas hirvientes, y a continuación comenzó una nueva fase. Durante este amanecer de la historia terrestre aparecieron los continentes. Están formados por rocas parecidas al granito que dieron espesor a la corteza y, con el tiempo, constituyeron las primeras montañas. Los océanos no sólo eran depresiones cubiertas de agua, sino que tenían una corteza rocosa muy distinta de la de los continentes. No sabemos cómo se produjo esta diferenciación de la corteza en dos tipos. Las diminutas plantas marinas aportaron oxígeno a la atmósfera y, aunque gran parte de este gas se consumió inicialmente en reacciones químicas, con el tiempo fue suficiente para permitir el desarrollo de formas primitivas de vida. Después, hace 600 millones de años, se produjo una explosión de seres vivos dotados de esqueleto. Al final, la Tierra se había configurado tal y como hoy la conocemos.

## Coladas rápidas

Algunas coladas de lava muy rápidas se mueven en la actualidad entre 80 y 100 km/h, pero las antiguas komatiitas líquidas avanzaban mucho más deprisa.

## Cristales de komatiita

La komatiita tenía una temperatura mucho más elevada que las lavas actuales. Al enfriarse formó grandes cristales parecidos a gruesas briznas de hierba.

## Vestigios en las rocas

En la actualidad, los únicos vestigios del primer fondo oceánico son diminutos fragmentos rocosos con restos de komatiita. Fuera cual fuera el mecanismo por el que se creó esta extraña forma de lava, parece ser que dejó de aparecer hace 2 500 millones de años. La actual corteza oceánica está hecha de un tipo distinto de lava endurecida llamada basalto.

### Lava caliente

La lava de komatiita salía a temperaturas de hasta 1 700 °C, el doble que muchas de las lavas actuales.

## LA TIERRA ARCAICA

No es fácil reconstruir la Tierra arcaica, pues las rocas antiguas han cambiado mucho desde su formación. Hace unos 3 500 millones de años comenzaron a aparecer los continentes a partir de rocas ligeras y fundidas similares al granito que se desarrollaban por debajo de volcanes gigantes. Estos volcanes desaparecieron hace mucho tiempo por la erosión, pero sus «raíces» graníticas constituyeron los primeros continentes. La primera corteza oceánica se creó a partir de una extraña lava distinta de las que hoy se conocen, la komatiita, que debió de ser muy líquida y caliente, tanto que las rocas sobre las que fluía se fundían a su paso.

### Corteza fría

Esta lava se ha enfriado formando una corteza rugosa de rocas.

### La colada se va deteniendo

Al enfriarse, la colada de lava se hace más densa y sólida, perdiendo velocidad en su avance.

### Un río de lava

Al salir, la lava de komatiita funde las rocas sobre las que fluye, excavando un canal cada vez más hondo, como hacen los ríos.

*Lava negra, en proceso de endurecimiento y enfriamiento*

*Estratos de antigua lava endurecida*

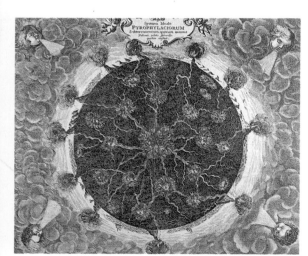

*Este grabado del siglo XVII, obra de Athanasius Kircher, ilustra su teoría de que el interior de la Tierra permanecía fundido y el perpetuo fuego alimentaba a los volcanes. Aunque su hipótesis no era válida para el planeta en la actualidad, posiblemente sí constituía una descripción de su estado en los primeros 1 000 millones de años.*

### Corte en las rocas

En una semana, una colada de lava de komatiita podía excavar un canal de 20 m de profundidad al fundir las rocas inferiores.

*La lava avanza a gran velocidad por el crepitante canal*

### Largas coladas

La lava es capaz de recorrer largas distancias por su erosionado canal desde el lugar de la erupción.

## LOS PRIMEROS CONTINENTES

Los continentes se formaron hace unos 2 000 millones de años. Las zonas deprimidas entre ellos quedaron cubiertas por las aguas oceánicas. La atmósfera terrestre tenía mucho dióxido de carbono y era muy pesada. Violentas tempestades se precipitaban sobre la superficie de los nuevos continentes y sus montañas volcánicas. No había plantas con raíces que pudieran retener el suelo. Las superficies rocosas que se alzaban sobre el nivel de las aguas marinas eran rápidamente erosionadas por grandes ríos, los cuales transportaban sales y otras sustancias disueltas desde las rocas a los océanos, que de este modo se hacían salados.

## UNA ATMÓSFERA PARA LA VIDA

Pronto los océanos se llenaron de algas, plantas acuáticas simples que aprovechaban el abundante dióxido de carbono y expulsaban oxígeno a la atmósfera. Al principio, todo el oxígeno se consumía en reacciones químicas, como la oxidación del hierro en las rocas. Los sedimentos formados de este modo quedaron coloreados en franjas rojas y negras. Finalmente, el oxígeno comenzó a integrarse de manera permanente en la atmósfera. Una parte se acumuló en la protectora capa de ozono, que filtraba algunos de los rayos solares (los rayos ultravioletas). A continuación se pudieron desarrollar formas de vida más complejas.

*La erosión desgastó rápidamente los volcanes, dejando descubiertas las zonas más internas de la corteza*

*Ríos alimentados por furiosas tormentas*

*Capas de sedimentos (partículas rocosas sueltas) se acumulan alrededor de los nuevos continentes*

*Las algas toman dióxido de carbono de la atmósfera y producen oxígeno*

*El oxígeno se combina con el hierro en estratos de sedimentos rojos*

### La explosión de la vida

Durante 3 000 millones de años la vida en la Tierra estuvo dominada por las algas verde-azules. Después, hace apenas 800 millones de años, las condiciones comenzaron a ser propicias para la aparición de formas de vida animal más complejas, aunque inicialmente no tenían esqueleto. Hace 600 millones de años se produjo una explosión de vida. De pronto aparecieron más de 20 grupos principales *(phyla)* de animales con esqueleto duro. Muchos se extinguieron unos 100 millones de años después.

### Marrella

Este animal parece un trilobite, pero no está emparentado con él: sus patas tienen distinto número de articulaciones y diferente acoplamiento.

*Largas antenas en cada lado*

### Hallucigenia

Antes, los científicos creían que este animal se erguía sobre sus espinas. Hoy se piensa que las espinas se encontraban en su dorso.

### Wiwaxia

Esta diminuta criatura (derecha) reptaba por el fondo marino. Sus espinas podían reproducirse si se rompían al luchar con un predador.

### Aysheia

Este animal (izquierda) se alimentaba de esponjas. Las espinas de su boca le ayudaban a arrancar la esponja, y las del cuerpo le servían para trepar sobre ella.

### Anomalocaris

Los movimientos ondulantes de sus aletas ayudaban a nadar a este animal. Su boca era como un cascanueces.

*El anomalocaris tenía un par de tentáculos articulados que utilizaba para alimentarse.*

11

# CINTURONES DE FUEGO

LA MAYOR PARTE de los volcanes se distribuye a lo largo de cinturones de fuego que rodean el planeta. Son lugares donde la turbulencia del interior incandescente de la Tierra se manifiesta a través de las gigantescas grietas de su superficie. Muchos terremotos se producen también cerca de estas grietas. Esta distribución desigual sobre el planeta fue advertida a principios del siglo XIX, aunque en esa época no se disponía de medios para explicar sus causas. Una cantidad especialmente grande de volcanes y terremotos se constata en torno a los bordes del océano Pacífico, aquí representado. Esta zona geológicamente activa se conoce como el cinturón de fuego del Pacífico. Sus impresionantes paisajes son el resultado de los fenómenos volcánicos del pasado.

### El valle de las Mil Chimeneas

Una gran erupción de cenizas cubrió este valle de Alaska (EE UU) en 1912. Los primeros exploradores que se adentraron en el valle vieron muchísimas «chimeneas» volcánicas burbujeantes que expulsaban humo desde las cenizas, las cuales tienen un espesor de hasta 50 m en algunos lugares.

### Interpretación del mapa

En este mapa aparecen tres tipos de márgenes entre placas: los constructivos (dorsales) están marcados en rojo, los destructivos (zonas de subducción), en marrón y los pasivos, en púrpura. Su explicación se encuentra en las dos páginas siguientes.

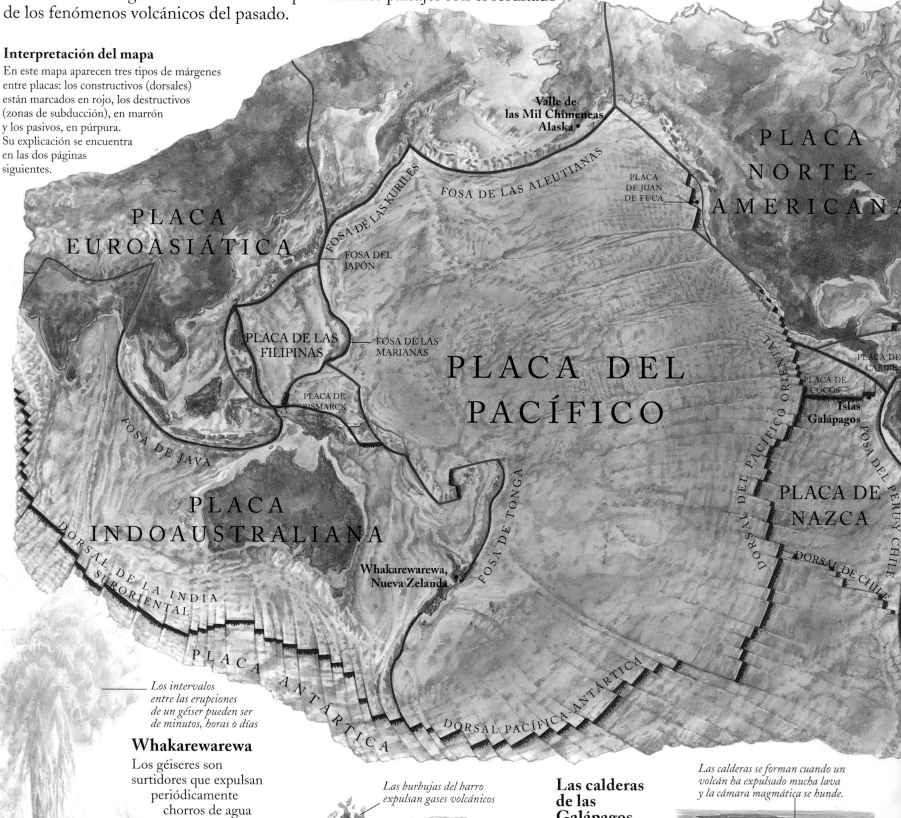

VALLE DE LAS MIL CHIMENEAS, Alaska

PLACA NORTE-AMERICANA

PLACA DE JUAN DE FUCA

FOSA DE LAS KURILES

FOSA DE LAS ALEUTIANAS

PLACA EUROASIÁTICA

FOSA DEL JAPÓN

PLACA DE LAS FILIPINAS

FOSA DE LAS MARIANAS

PLACA DE BISMARCK

FOSA DE JAVA

PLACA DEL PACÍFICO

PLACA DEL CARIBE

PLACA DE COCOS

Islas Galápagos

DORSAL DEL PACÍFICO ORIENTAL

FOSA DEL PERÚ Y CHILE

PLACA DE NAZCA

PLACA INDOAUSTRALIANA

DORSAL DE LA INDIA SURORIENTAL

FOSA DE TONGA

Whakarewarewa, Nueva Zelanda

DORSAL DE CHILE

PLACA ANTÁRTICA

DORSAL PACÍFICA-ANTÁRTICA

*Los intervalos entre las erupciones de un géiser pueden ser de minutos, horas o días*

### Whakarewarewa

Los géiseres son surtidores que expulsan periódicamente chorros de agua caliente. Este géiser con sus charcos de barro burbujeante se encuentra en Whakarewarewa (Nueva Zelanda).

*Las burbujas del barro expulsan gases volcánicos*

### Las calderas de las Galápagos

Grandes cráteres llamados calderas salpican los montes de las islas Galápagos.

*Las calderas se forman cuando un volcán ha expulsado mucha lava y la cámara magmática se hunde.*

## Surtsey nació del mar

En 1963 un volcán apareció burbujeando entre las olas al sur de Islandia. La isla recibió el nombre de Surtsey en recuerdo de un antiguo dios islandés del fuego, y fue aumentando de tamaño a medida que la lava se acumulaba sobre los primeros e inestables estratos de ceniza. Surtsey es hoy el hogar de diversas plantas, insectos y aves.

*Surtsey se asienta sobre la dorsal del Atlántico Central, donde dos de las placas terrestres se están separando lentamente. El magma del interior de la Tierra va cerrando la grieta al endurecerse y forma una nueva corteza oceánica.*

## UN AÑO EN LA VIDA DEL PLANETA

Cada año entran en erupción unos treinta volcanes. Algunos de ellos se mantienen en actividad durante varios años, o incluso décadas, mientras otros sólo tienen una erupción. Uno o dos han permanecido activos durante milenios. Todos los años se producen miles de terremotos, aunque la mayor parte de ellos son tan débiles que no se notan. Unas cuantas docenas de ellos provocan un temblor perceptible, y menos de diez son realmente fuertes. No se sabe si los terremotos y erupciones volcánicas actuales son más o menos frecuentes que en otras épocas.

### La cueva de Fingal

Las columnas basálticas que constituyen la isla de Staffa, al oeste de Escocia, están formadas por lava diaclasada en formas regulares como consecuencia de un lento enfriamiento hace 60 millones de años.

### Le Puy, Francia

Esta iglesia del sur de Francia está construida sobre la cima de una roca volcánica de 76 m de altura. La roca se endureció en el interior del volcán hace dos millones de años, y quedó al descubierto cuando se erosionaron las rocas cenicientas y blandas que la cubrían.

### Los conos de Urgup, Turquía

Estos pilares del centro de Turquía están labrados en cenizas volcánicas procedentes de antiguas erupciones. Los gases volcánicos, como los de las llamadas «chimeneas» de Alaska, soldaron la ceniza al salir, manteniéndola en forma de pilares.

### Los pilares de sal de Karum

El agua de lluvia separó la sal de las rocas volcánicas transportándola al lago Assale, en Etiopía. Sus aguas son tan saladas que la superficie se cristaliza, y los pilares de sal crecen hasta 3 m en una noche.

## LOS SIGNOS DEL TIEMPO

La presencia de antiguos restos de volcanes erosionados en el paisaje indica que hace muchos millones o incluso miles de millones de años hubo vulcanismo en ese lugar. No todos estos restos se encuentran en los cinturones de fuego que hoy conocemos, lo que significa que hubo otros cinturones en distintos lugares, y que las placas terrestres cambian de sitio con el paso del tiempo. Este movimiento demuestra los cambios que se producen en la turbulenta agitación del interior del planeta.

DORSAL DE REYKJANES

Surtsey, Islandia

PLACA EUROASIÁTICA

Cueva de Fingal, Escocia

Le Puy, Francia

Conos de Urgup, Turquía

PLACA DE ANATOLIA

PLACA DE IRÁN

PLACA DE ARABIA

DORSAL DEL ATLÁNTICO CENTRAL

Pilares de Karum, Etiopía

PLACA AFRICANA

PLACA SURAMERICANA

Reunión

DORSAL ATLÁNTICA-INDIA

PLACA DE SCOTIA

PLACA ANTÁRTICA

## Reunión

Uno de los volcanes más grandes de la Tierra es la isla de Reunión, que emerge sobre el profundo fondo oceánico hasta sus cráteres más altos, a 3 069 m sobre el nivel del mar.

# LA LITOSFERA EN MOVIMIENTO

Nuestro planeta no sólo gira en el espacio; además, su superficie se mueve, aunque muy lentamente. Cada año, los continentes avanzan cerca de un centímetro, juntándose unos y separándose otros. Parece poco, pero en un millón de años significa 10 km. Este movimiento se produce porque la parte interior del planeta está caliente, lo cual altera la superficie de rocas frías y provoca la deriva de las grandes placas de la corteza. En las dorsales expansivas se crea un nuevo fondo oceánico que, a lo largo de decenas o cientos de millones de años, avanza hacia una zona de subducción, donde es destruido. Este lento movimiento de las placas terrestres se cree que se ha producido durante miles de millones de años.

*En 1919, el científico alemán Alfred Wegener (arriba) presentó la hipótesis del movimiento de los continentes, también conocida como teoría de la deriva continental.*

## LA CONTROVERSIA SOBRE LAS PLACAS

Ni siquiera Wegener estaba seguro de cómo se producía el movimiento de los continentes. Creía que se abrían paso de algún modo a través del rocoso fondo oceánico. Su teoría ha sido modificada al entenderse que las placas de la corteza terrestre (como puede verse en el dibujo de abajo, levantadas sobre el manto) transportan a la vez los continentes y los océanos, moviéndose juntos.

*Zona de subducción en Indonesia*

*Placa oceánica delgada*

*Placa continental gruesa*

*Zona de subducción*

### Bordes de destrucción

La corteza oceánica antigua se destruye en el punto en que se hunde (subducción) por debajo de un continente para fundirse en el manto. Esta clase de borde también se conoce como zona de subducción.

## LOS LÍMITES DE LAS PLACAS

Los bordes de las placas se relacionan de tres formas posibles. Cuando una placa oceánica se encuentra con otra continental, la corteza oceánica se sumerge bajo el continente y desaparece. Cuando la corteza rocosa sólida de una placa entra en fricción lateral con otra también sólida, las rocas se fracturan y se producen terremotos. Cuando dos placas se separan, la grieta que se abre en la superficie se llena con magma caliente que asciende desde el manto.

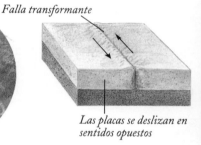

*Borde de conservación en Norteamérica*

*Falla transformante*

*Las placas se deslizan en sentidos opuestos*

### Bordes pasivos

Cuando dos placas se deslizan en sentidos opuestos, las rocas sometidas a presión se resquebrajan, produciéndose terremotos. La línea por la que se deslizan las placas es una falla transformante.

*Borde constructivo en el océano Atlántico (dorsal)*

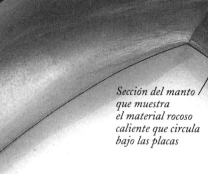

*Sección del manto que muestra el material rocoso caliente que circula bajo las placas*

### El turbulento manto terrestre

El manto es más o menos sólido, pero durante largos periodos de tiempo (millones o decenas de millones de años) se ha movido comportándose como un plástico grueso y viscoso. Algunas partes del manto son más frías y sólidas que otras. Otras zonas, por debajo de los bordes de construcción y los volcanes, son más calientes y tienen partes líquidas que ascienden convirtiéndose en magma.

*Magma en ascenso desde el manto*

### Bordes de construcción

La nueva corteza oceánica se crea allí donde se separan las placas. La abertura entre las placas se rellena de magma. Estos bordes se conocen también como dorsales.

# CONTINENTES A LA DERIVA

El continuo movimiento de las placas que cubren la superficie terrestre modifica la forma de los continentes y océanos. Las tres fases de la deriva de un continente hacia otro se muestran en esta página. La corteza oceánica antigua se sumerge y es destruida en la zona de subducción. Al mismo tiempo, un nuevo fondo oceánico surge en el margen opuesto de la placa. Por último, toda la corteza oceánica desaparece en el manto, uniéndose los dos continentes. La corteza continental no puede hundirse en el manto, pues es demasiado ligera, sino que monta sobre el otro continente.

## Hace 200 millones de años

*La corteza oceánica choca con este continente y se hunde*

*Las placas son separadas dejando espacio para la nueva corteza*

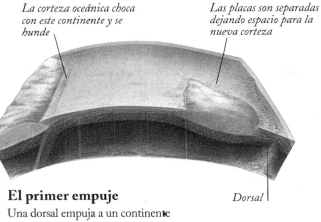

*Dorsal*

### El primer empuje

Una dorsal empuja a un continente contra otro. El fondo oceánico que se encuentra en medio no tiene espacio adonde ir y comienza a hundirse en el borde del continente más alejado.

*Zona de subducción*

Casi todas las dorsales se encuentran bajo las aguas oceánicas, excepto en Islandia (arriba), donde el magma llega tan rápidamente a la superficie que la dorsal ha construido una gran masa de tierra formada por corteza oceánica.

*El fondo oceánico se expande mientras el magma asciende para cubrir la abertura entre las placas, incorporándose a los bordes de éstas*

### Continúa el empuje

A medida que crece el nuevo océano, el antiguo se reduce. Parte de la antigua corteza oceánica se funde en la zona de subducción. El nuevo magma asciende para alimentar a los volcanes de la superficie, al tiempo que se inicia la formación de una cordillera.

*El enorme océano de Pantalasa (en griego: «todos los mares»)*

*Océano de Tetis*

*Continente de la Pangea (en griego: «todas las tierras»)*

*La deriva continental implica la renovación constante del fondo oceánico; en la actualidad, la corteza oceánica más antigua que queda sobre la Tierra tiene 200 millones de años*

### El choque de los continentes

Las montañas se pliegan y se elevan al juntarse los continentes. Al final, toda la corteza oceánica queda hundida y los continentes se unen, colocándose uno sobre el otro para formar uno más grande.

**Hace 200 millones de años**

Un océano separaba Europa y Asia (Laurasia) del supercontinente meridional, la Pangea. El océano Atlántico no existía, y la India estaba unida a la Antártida.

**Hace 100 millones de años**

África y Suramérica ya habían comenzado a separarse al tiempo que se distanciaban de la Antártida. A medida que se creaba un nuevo fondo oceánico en la dorsal situada entre Norteamérica y Europa (Laurasia) y África, surgía el joven océano Atlántico.

## Hace 100 millones de años

*El océano de Pantalasa se reduce*

*Océano de Tetis*

### Hoy

En la actualidad, la Antártida se encuentra separada de los demás continentes al estar completamente rodeada por un nuevo fondo oceánico formado por una dorsal circundante. La India ha quedado pegada a Asia, y el antiguo océano de Tetis casi ha desaparecido.

*Océano Atlántico*

*Islandia está constituida por corteza oceánica*

# EL MUNDO A LO LARGO DEL TIEMPO

Las formas y ubicaciones de los continentes y océanos fueron muy diferentes en el pasado. Es fácil reconstruir la historia de los últimos 200 millones de años imaginando que no existe la actual corteza oceánica. De este modo, sabemos que en esa época había un continente gigante llamado Pangea. Este supercontinente se creó por la colisión y superposición de otros continentes más antiguos. No resulta tan sencillo reconstruir lo que había antes de la Pangea. Hubo un supercontinente anterior que también se formó por la unión de continentes aún más antiguos, que se formaron por rupturas continentales previas.

## Hoy

*Restos del océano de Tetis*

*El Himalaya se formó cuando la India fue empujada contra Asia*

*Dorsal alrededor de la Antártida*

# VOLCANES EXPLOSIVOS

A COMIENZOS DE 1980 una ladera del monte St. Helens empezó a hincharse. A medida que aumentaba la presión en el interior del volcán, la protuberancia crecía cada vez más. El 18 de mayo se produjo la explosión del volcán. Los volcanes explosivos como el monte St. Helens (representado en esta página) producen una lava densa y viscosa, y sus erupciones son poco frecuentes. Entre una erupción y otra se origina una acumulación de gas en el magma interno y, con el tiempo, la presión hace saltar las rocas que se encuentran encima. La lava gaseosa se expande y explota, esparciéndose en pequeños fragmentos. Impulsados por la fuerza de la explosión y la continua liberación de gas, los fragmentos de lava saltan y caen sobre la escarpada ladera del volcán como un rápido flujo de cenizas que lo cubre todo a su paso.

## LA MONTAÑA DE FUEGO

A la derecha se representa el monte St. Helens, con dos secciones separadas para mostrar su explosivo centro. Su última erupción importante se había producido en la década de 1880, y después había permanecido silencioso durante cien años, hasta la devastadora erupción de 1980. Finalmente, el monte St. Helens hizo honor al nombre que le dieron los pueblos nativos del lugar: Tahonelatchah, o «montaña de fuego».

### La nube volcánica

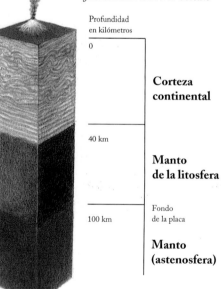

*Una columna vertical de cenizas y vapor se elevó a gran altura en la atmósfera, formándose una nube en forma de hongo justamente sobre el volcán*

Profundidad en kilómetros

0

**Corteza continental**

40 km

**Manto de la litosfera**

Fondo de la placa

100 km

**Manto (astenosfera)**

## MAGMA

El magma se genera a unos 100 km de profundidad. Asciende a través de las rocas sólidas en gotas ardientes y se acumula en bolsas. A lo largo de décadas o incluso siglos, el magma se enfría lentamente y cristaliza. Cuando la presión se libera en una erupción, el gas hace que los cristales y el magma estallen formando lava y cenizas.

### Coladas de barro

Los glaciares de las laderas del volcán se derritieron rápidamente durante la erupción, originando destructivas coladas de barro que se deslizaron a gran distancia por los valles fluviales.

*Sección de la ladera separada para mostrar el interior del volcán*

### Bajo el volcán

La lava cristaliza lentamente en la reserva de magma situada bajo el volcán. La llegada de una bolsa de magma desde mayores profundidades puede desencadenar una erupción.

### Una nube de cenizas

La densa nube de cenizas procedente de una gran erupción puede elevarse 30 o más km en la atmósfera. Los vientos pueden trasladar muy lejos la asfixiante nube.

Las cenizas del monte St. Helens se esparcieron a una distancia de más de 240 km en sólo dos horas.

### Nubes ardientes

La temperatura en el interior de la nube alcanzó los 315 °C.

### La onda expansiva

La erupción explosiva hizo saltar la ladera de la montaña.

### Burbujas subterráneas

Al ascender el magma, los gases que contiene escapan y forman burbujas cada vez más grandes que se expanden entre las rocas intentando encontrar una vía de salida.

## La cordillera de las Cascadas (Washington, EE UU)

El monte St. Helens es un volcán perteneciente a la cordillera de las Cascadas, frente a la costa noroeste de Estados Unidos.

### Avalancha

Después de un pequeño seísmo, todo el lado norte del volcán tembló ligeramente y a continuación se desprendió deslizándose en una gran avalancha.

*Roca al rojo vivo*

### Bombas de lava

Bloques de roca caliente y magma fueron catapultados por la explosión con mayor rapidez que la misma nube de cenizas. Los fragmentos expulsados de lava con recorrido aéreo se conocen como piroclastos. Muchos de ellos son pequeños, pero en conjunto constituyen devastadoras corrientes de cenizas que abrasan a todo ser vivo que encuentran a su paso. Las nubes ardientes y las de tipo pliniano producen relámpagos y pueden causar grandes desastres.

### La onda de calor

El intenso calor de la explosión quemó el bosque circundante. Algunos testigos dijeron que los ríos cercanos se calentaron tanto que los peces saltaban intentando escapar.

*Se desprenden partículas más pequeñas mientras la roca vuela*

### A vista de pájaro

Esta fotografía con el color realzado muestra la fuerza explosiva de la erupción de cenizas del volcán Augustine, en Alaska (EE UU). La columna de cenizas se eleva a gran altura y a continuación cae en forma de lluvia sobre la tierra y el mar. Restos de nubes de cenizas pueden esparcirse por toda la Tierra, afectando a la meteorología y creando espectaculares auroras y crepúsculos en el otro lado del planeta.

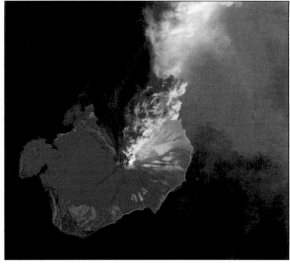

*La fotografía de la erupción del volcán Augustine se tomó desde la seguridad de un satélite Landsat. La nube de cenizas alcanzó unos 11 km de altura.*

## LAS CONSECUENCIAS

Después de las grandes erupciones de cenizas producidas en 1980, el monte St. Helens emitió una lava densa, casi sólida, que se fue acumulando lentamente en el cráter. Esta lava se desliza a través de numerosas grietas finas que no dejan pasar las partes más densas. Al acumularse en el interior del cráter se va formando una prominencia abovedada o domo. A veces el domo se eleva tanto que la lava caliente y solidificada rebosa y se precipita en avalancha por un lado. El monte St. Helens volverá a reconstruirse, pero no alcanzará su tamaño original hasta dentro de decenas de miles de años.

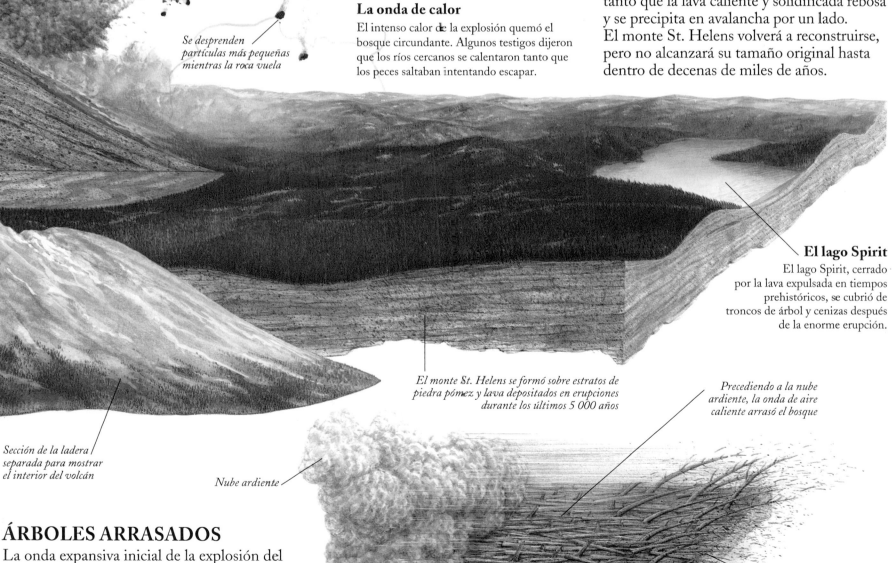

### El lago Spirit

El lago Spirit, cerrado por la lava expulsada en tiempos prehistóricos, se cubrió de troncos de árbol y cenizas después de la enorme erupción.

*El monte St. Helens se formó sobre estratos de piedra pómez y lava depositados en erupciones durante los últimos 5 000 años*

*Precediendo a la nube ardiente, la onda de aire caliente arrasó el bosque*

*Sección de la ladera separada para mostrar el interior del volcán*

*Nube ardiente*

## ÁRBOLES ARRASADOS

La onda expansiva inicial de la explosión del monte St. Helens fue tan potente que arrancó grandes árboles, junto con sus raíces y el suelo, en las laderas del volcán. Algo más lejos, derribó centenares de árboles partiéndolos por su base, arrancando las ramas y resquebrajando sus troncos como si fueran astillas.

*En su avance, la onda de calor hizo hervir la resina de los árboles y convirtió instantáneamente en vapor el agua de las plantas y los animales*

# ERUPCIONES DE LAVA

EN UNA ERUPCIÓN VIOLENTA, un volcán explosivo puede devastar el paisaje y expulsar nubes ardientes. Pero hay otros tipos de volcán cuya actividad es más tranquila y suave, dejando escapar lentamente las coladas de lava líquida y al rojo vivo. Los volcanes en escudo suelen entrar en erupción con frecuencia, de manera que no producen grandes bolsas a presión, sino que forman fuentes de lava y largas coladas que se extienden a bastante velocidad por los campos próximos. Con el tiempo, estas erupciones originan grandes montes con laderas suaves. Las islas Hawai se formaron de este modo. Son islas volcánicas que aumentan de tamaño a medida que las coladas se extienden hacia el mar. Cuando los volcanes submarinos crecen lo suficiente, aparecen nuevas islas.

*Este volcán ha estado inactivo durante unos cuatro millones de años. Las islas más antiguas reducen su tamaño a medida que se van hundiendo lentamente en el mar*

*Los sedimentos desprendidos de las islas cubren sus bases*

### Archipiélagos lineales

Las islas alejadas son más antiguas que Hawai. Hace tiempo estuvieron sobre el punto caliente, pero se han desplazado al moverse hacia el noroeste la placa del Pacífico. Los científicos han comprobado el movimiento de la placa a partir de las muestras de roca obtenidas en cada isla. Las rocas más antiguas se encuentran en los puntos más distantes de Hawai.

### ISLAS DE FUEGO

La isla de Hawai se alza en medio de una gran placa que soporta gran parte del océano Pacífico. Dos de los volcanes más grandes y más activos de la Tierra, los de Mauna Loa y Kilauea, se encuentran aquí. En la ilustración, el Mauna Loa aparece dividido por la mitad para mostrar su interior incandescente. El magma basáltico procedente del punto caliente aflora desde debajo del volcán. Si el magma encuentra una grieta por dentro del volcán y se desplaza lateralmente, es posible que la lava salga por la parte baja de las laderas.

**OCÉANO PACÍFICO**

KAUAI
NIHAU
OAHU
MOLOKAI
LANAI
MAUI
KAHOOLAWE
HAWAI

### El archipiélago hawaiano

Las islas Hawai son las cimas de grandes volcanes que se alzan desde el fondo del océano Pacífico. Hawai es la más grande y reciente del archipiélago, que consta de 130 islas. Arriba se indican las ocho islas principales.

### Deslizamiento de laderas

En ocasiones, la ladera de un volcán se hunde en una grieta rocosa submarina.

### LOS VOLCANES DE PUNTO CALIENTE

La formación de las islas Hawai constituyó un enigma para los geólogos debido a que, a diferencia de lo que ocurre con la mayoría de los volcanes, éstos se encuentran en el centro de una placa. Al determinar la edad de los volcanes, los geólogos dedujeron que el conjunto del archipiélago se formó sobre un «punto caliente» fijo en la profundidad del manto. Cada volcán se forma sobre el punto caliente, pero al moverse la placa que lo soporta, pierde su actividad y se crea un nuevo volcán. De este modo, se construye una cadena de volcanes cuya edad es mayor cuanto más lejos se encuentran de ella.

*Los volcanes son más antiguos cuanto más lejos se han apartado del punto caliente*

*Los volcanes antiguos ya no están activos*

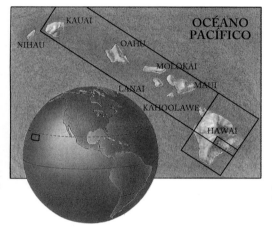

*La placa se mueve actualmente hacia el noroeste a razón de 10 cm al año*

*Cada volcán permanece sobre el punto caliente durante cerca de un millón de años*

*Trayectoria de la placa en movimiento*

*El volcán joven se forma justo sobre el punto caliente, y entra en erupción frecuentemente*

*Las zonas calientes del manto parecen mantenerse fijas durante decenas de millones de años. Algunas se encuentran bajo los continentes*

### Las profundidades ocultas

Sólo una pequeña parte del volcán se eleva sobre el nivel del mar. Desde el lecho oceánico, su altura supera los 9 000 m, lo que le convierte en uno de los volcanes más grandes de la Tierra.

### Almohadas en el lecho marino

Cuando el magma sale al agua fría se forman lavas almohadilladas. Son bolsas redondeadas de magma con una corteza fina a cuyo interior sigue fluyendo la lava al rojo vivo. Finalmente, la corteza se rompe y comienza a formarse otra bolsa en forma de almohada. El proceso se repite hasta que el lecho marino queda cubierto por una acumulación de lavas almohadilladas.

## La diosa del fuego

Según la leyenda, Pele, la diosa hawaiana del fuego, viajó por debajo del archipiélago desde la isla más antigua a la más joven, donde vive en la actualidad. Este mito guarda relación con el modo en que realmente se formaron estos volcanes de «punto caliente».

## MAGMA BASÁLTICO

El magma basáltico procede de las «entrañas» de la Tierra, el manto. Ello explica que sea un tipo de magma más caliente y líquido que el que se forma al fundirse la corteza en una zona de subducción. Las rocas del manto que se funden con mayor facilidad son las únicas que originan el magma basáltico; los materiales que se funden a mayores temperaturas se encuentran a mayor profundidad en el manto, lo que hace que sean más densas y pesadas. Cuando el magma basáltico asciende a la superficie se solidifica en roca de basalto. Si cristaliza lentamente bajo la superficie, los cristales se hacen más grandes y constituyen una roca áspera llamada gabro.

*En el volcán de Kilauea, en Hawai, la lava basáltica forma una fuente incandescente desde la que se esparce la lava sobre el oscuro paisaje volcánico. Los fragmentos de lava procedentes de la fuente se acumulan al enfriarse y forman un cono de cenizas.*

### Las capas de la corteza

La capa más profunda de la corteza oceánica está constituida por rocas de gabro áspero y cristalizado. Encima se encuentra una capa con aspecto de muro que se ha solidificado dentro de diques de lava. El volcán se ha originado sobre estas capas.

*El manto superior forma parte de la placa en movimiento*

*La isla aparece dividida por la mitad para mostrar las capas del volcán*

### Las capas del volcán

Las capas inferiores del volcán se enfriaron bajo las aguas, por lo que están constituidas por lavas almohadilladas. Una vez que el volcán rompe la superficie, la lava fluye en corrientes que descienden hasta el mar.

*Cada colada de lava cubre las antiguas capas formadas por anteriores erupciones, y así va creciendo el volcán*

### Debajo de un volcán

La lava que aflora en Hawai procede del manto, a gran profundidad bajo el fondo de la placa del Pacífico.

### Diques de lava

Las grietas por las que el magma asciende a la superficie se llaman diques, y se abren paso a través de los estratos rocosos que invaden.

*Los volcanes Loihi, Mauna Loa y Kilauea son los únicos que se encuentran en actividad en el archipiélago hawaiano*

### El volcán Loihi

Al sur de Hawai se encuentra un volcán submarino en actividad llamado Loihi. Su cumbre está a 900 m bajo el nivel del mar, pero algún día expulsará una cantidad suficiente de lava como para convertirse en isla.

### Cortina de magma

Una cortina de magma se filtra ascendiendo por la grieta del volcán. El magma puede alcanzar finalmente la superficie y rebosar en una colada de lava. El magma que no sale a la superficie se convierte en la roca sólida que constituye el dique.

*El volcán Loihi es alimentado por magma procedente del mismo punto caliente que dio origen a Hawai*

Profundidad en kilómetros

Corteza oceánica — 0

Manto de la litosfera — 5 km

Fondo de la placa

Manto — 100 km

Lugar donde se origina el magma

# LA CORTEZA TIEMBLA

CUANDO LAS MASAS ROCOSAS sometidas a presión acumulan energía, se fracturan y se deslizan bruscamente, la corteza tiembla y se produce un movimiento sísmico. La tensión necesaria para romper la roca puede acumularse durante mucho tiempo antes de liberarse repentinamente. La roca fracturada se mueve a lo largo de una grieta llamada falla. Aunque en su mayor parte son subterráneas, algunas fallas se abren en la superficie e incluso pueden manifestarse en el paisaje. En esta doble página se representa la falla Alpina, en Nueva Zelanda, que divide el territorio en dos partes, una al este de la línea de falla, con elevadas montañas, y otra al oeste con tierras llanas. Al igual que otras muchas fallas, ésta se ha originado como consecuencia de complejos movimientos de placas.

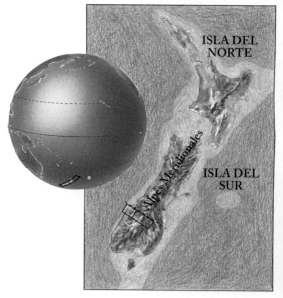

ISLA DEL NORTE

ISLA DEL SUR

### Nueva Zelanda
La línea de unión de dos placas atraviesa las islas Norte y Sur de Nueva Zelanda, en el océano Pacífico.

## ¿POR QUÉ SE PRODUCEN LOS TERREMOTOS?

Las tres fases que se ilustran bajo estas líneas muestran el modo en que la tensión entre las rocas de una línea de falla puede producir un terremoto. Dos placas que se deslizan quedan trabadas haciendo que aumente la presión a lo largo de la línea de falla. La tensión crece hasta superar la resistencia de las rocas. Las placas se destraban repentinamente y se desplazan provocando un seísmo. La ilustración principal representa un temblor en la falla Alpina de Nueva Zelanda.

*En la isla del Norte hay paisajes volcánicos, con géiseres y volcanes en actividad*

### Aumenta la tensión
Las placas se mueven en dirección contraria, pero la línea de falla queda enganchada al juntarse. La tensión aumenta en las rocas de ambos lados del plano de falla.

### Tensión contra resistencia
La tensión deforma y agrieta las rocas hasta que supera su resistencia.

### Terremoto
Cuando cede su resistencia, las rocas se rompen, se deslizan bruscamente y se produce el terremoto.

### Punto de ruptura
El lugar donde la roca comienza a romperse es el foco del terremoto, y el punto situado encima, en la superficie, es el epicentro.

*Las vibraciones sísmicas se transmiten desde el foco en todas las direcciones*

### Arriba y abajo
Los Alpes neozelandeses se elevan un poco con cada temblor, pero se erosionan a la misma velocidad con que crecen.

ISLA DEL

ALPES MERIDIONALES

Falla Alpina

Monte Tasman

Foco del terremoto

Monte Cook

Monte Sefton

*Sección del dibujo principal separada y aumentada*

*El cauce de los ríos traza una curva debido al movimiento de la línea de falla*

*En la falla, las rocas próximas a la superficie quedan trituradas, convirtiéndose en una masa blanda y verdosa que se erosiona fácilmente*

*En la zona profunda del plano de falla, las rocas pueden fundirse por el calor que causa la fricción*

### Plano de falla
El plano de falla no suele ser una línea recta, sino ondulante. Las irregularidades de su curso contribuyen a enganchar las placas entre un temblor y otro. Cuanto más firmemente se traban, más tiempo pasará hasta el siguiente terremoto, y más intenso será éste.

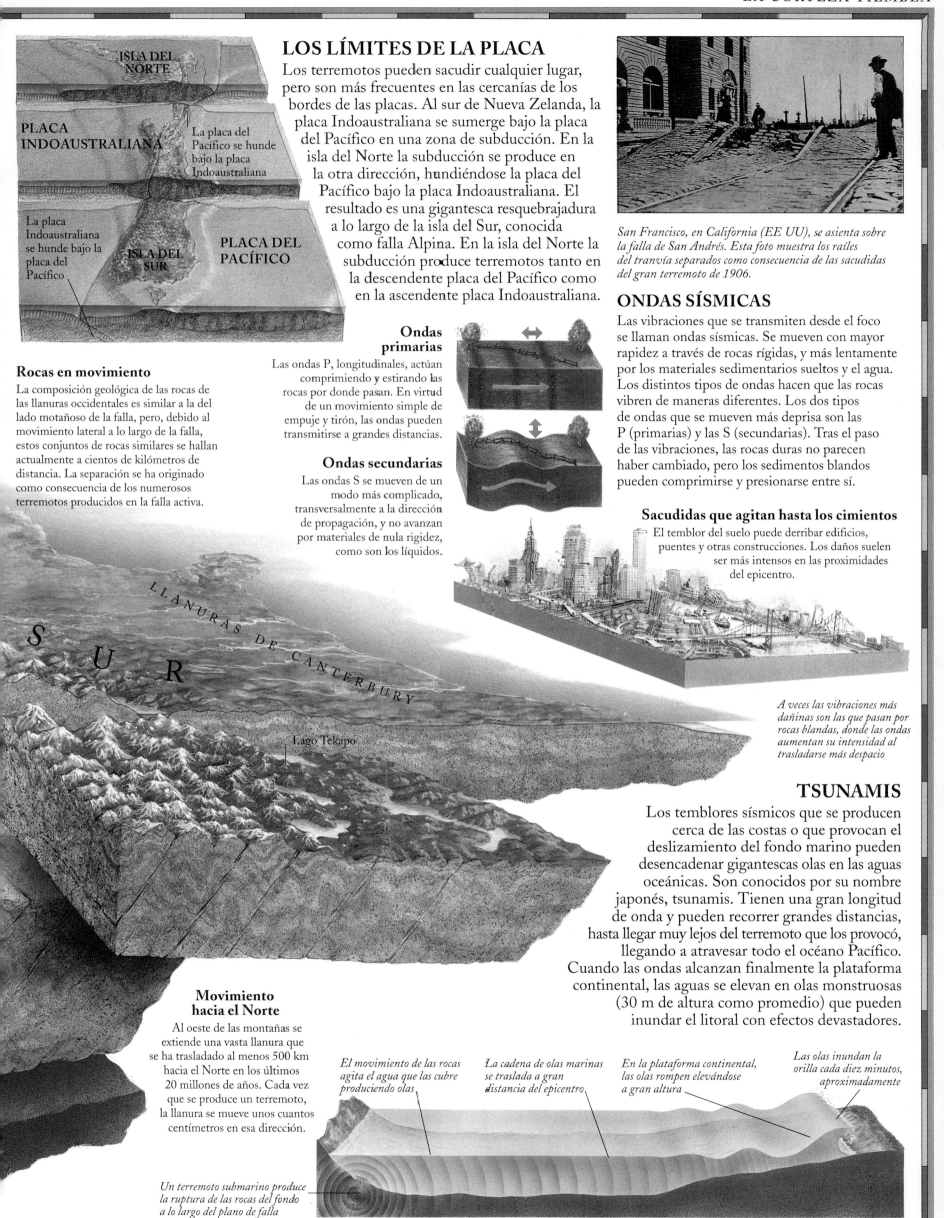

## LOS LÍMITES DE LA PLACA

Los terremotos pueden sacudir cualquier lugar, pero son más frecuentes en las cercanías de los bordes de las placas. Al sur de Nueva Zelanda, la placa Indoaustraliana se sumerge bajo la placa del Pacífico en una zona de subducción. En la isla del Norte la subducción se produce en la otra dirección, hundiéndose la placa del Pacífico bajo la placa Indoaustraliana. El resultado es una gigantesca resquebrajadura a lo largo de la isla del Sur, conocida como falla Alpina. En la isla del Norte la subducción produce terremotos tanto en la descendente placa del Pacífico como en la ascendente placa Indoaustraliana.

*San Francisco, en California (EE UU), se asienta sobre la falla de San Andrés. Esta foto muestra los raíles del tranvía separados como consecuencia de las sacudidas del gran terremoto de 1906.*

### ONDAS SÍSMICAS

Las vibraciones que se transmiten desde el foco se llaman ondas sísmicas. Se mueven con mayor rapidez a través de rocas rígidas, y más lentamente por los materiales sedimentarios sueltos y el agua. Los distintos tipos de ondas hacen que las rocas vibren de maneras diferentes. Los dos tipos de ondas que se mueven más deprisa son las P (primarias) y las S (secundarias). Tras el paso de las vibraciones, las rocas duras no parecen haber cambiado, pero los sedimentos blandos pueden comprimirse y presionarse entre sí.

### Rocas en movimiento

La composición geológica de las rocas de las llanuras occidentales es similar a la del lado motañoso de la falla, pero, debido al movimiento lateral a lo largo de la falla, estos conjuntos de rocas similares se hallan actualmente a cientos de kilómetros de distancia. La separación se ha originado como consecuencia de los numerosos terremotos producidos en la falla activa.

### Ondas primarias

Las ondas P, longitudinales, actúan comprimiendo y estirando las rocas por donde pasan. En virtud de un movimiento simple de empuje y tirón, las ondas pueden transmitirse a grandes distancias.

### Ondas secundarias

Las ondas S se mueven de un modo más complicado, transversalmente a la dirección de propagación, y no avanzan por materiales de nula rigidez, como son los líquidos.

### Sacudidas que agitan hasta los cimientos

El temblor del suelo puede derribar edificios, puentes y otras construcciones. Los daños suelen ser más intensos en las proximidades del epicentro.

*A veces las vibraciones más dañinas son las que pasan por rocas blandas, donde las ondas aumentan su intensidad al trasladarse más despacio*

### TSUNAMIS

Los temblores sísmicos que se producen cerca de las costas o que provocan el deslizamiento del fondo marino pueden desencadenar gigantescas olas en las aguas oceánicas. Son conocidos por su nombre japonés, tsunamis. Tienen una gran longitud de onda y pueden recorrer grandes distancias, hasta llegar muy lejos del terremoto que los provocó, llegando a atravesar todo el océano Pacífico. Cuando las ondas alcanzan finalmente la plataforma continental, las aguas se elevan en olas monstruosas (30 m de altura como promedio) que pueden inundar el litoral con efectos devastadores.

### Movimiento hacia el Norte

Al oeste de las montañas se extiende una vasta llanura que se ha trasladado al menos 500 km hacia el Norte en los últimos 20 millones de años. Cada vez que se produce un terremoto, la llanura se mueve unos cuantos centímetros en esa dirección.

*El movimiento de las rocas agita el agua que las cubre produciendo olas*

*La cadena de olas marinas se traslada a gran distancia del epicentro*

*En la plataforma continental, las olas rompen elevándose a gran altura*

*Las olas inundan la orilla cada diez minutos, aproximadamente*

*Un terremoto submarino produce la ruptura de las rocas del fondo a lo largo del plano de falla*

# LA FORMACIÓN DE MONTAÑAS

*Las montañas Rocosas se elevaron a medida que la corteza oceánica en proceso de subducción trasladaba las islas hacia la costa y chocaron contra el continente*

LAS ESPECTACULARES CORDILLERAS de la Tierra se han plegado como consecuencia de los constantes movimientos de las placas. La mayor parte de las montañas se alzan sobre zonas de subducción en los bordes de los continentes. Tan pronto como se levantan las montañas, la erosión comienza a desgastarlas. Cuanto más alta es una cordillera, más lluvia y nieve cae sobre ella y mayor es el modelado producido en el relieve por el agua y el hielo. Cuando las montañas son altas y escarpadas, ello indica que el levantamiento se está produciendo aún. Al dejar de elevarse, se imponen los procesos de erosión y las montañas pierden altitud, hasta que quedan reducidas a colinas, pero incluso éstas presentan en sus rocas los rastros de su pasado esplendor.

## FUERZAS EN EQUILIBRIO

La mayor parte de las cordilleras se originan como consecuencia de las fuerzas tectónicas (constructivas) que elevan el terreno y el desgaste y la erosión que actúan sobre las rocas. También hay montañas originadas por la actividad volcánica, las cuales pueden asentarse sobre una cordillera de origen tectónico constituyendo sus cimas más altas. El mapa de esta doble página muestra las principales cordilleras de la Tierra.

El plegamiento que originó la montaña del Cordero, en Wyoming (EE UU), ha quedado descubierto por la erosión

*Los Andes, en Sudamérica, se formaron por la subducción de la corteza del océano Pacífico*

### Kilimanjaro, Tanzania

Con 5 896 m, el Kilimanjaro, un volcán antiguo formado por capas alternantes de ceniza, material piroclástico y lava, es la cota más alta de África.

### Elbrus, Federación Rusa

El monte Elbrus tiene 5 642 m de altitud. Se trata de un volcán que perdió su actividad hace muchos miles de años.

### McKinley, EE UU

El monte McKinley, cubierto de glaciares, se eleva a 6 194 m en el Parque Nacional Denali, en Alaska.

### El nivel de las nieves perpetuas

Este nivel desciende a medida que las montañas se alejan del ecuador.

*Aunque se encuentra en el ecuador, el Kilimanjaro tiene nieves perpetuas*

*Al estar más alejado del ecuador, el monte Elbrus presenta nieves perpetuas a más baja altitud*

*En el monte McKinley la cota máxima de los árboles coincide con el nivel de las nieves perpetuas*

*En las regiones polares los hielos permanentes se encuentran a nivel del mar*

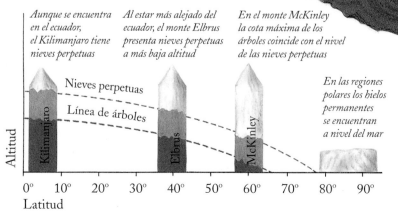

### Cota máxima de los árboles

Por debajo del nivel de las nieves perpetuas; más arriba, el frío impide el crecimiento de las especies arbóreas.

## CUMBRES NEVADAS

Cerca del ecuador, donde inciden perpendicularmente los rayos del Sol calentando la Tierra, el nivel de las nieves perpetuas se halla por encima de los 6 000 m. Sólo a tales alturas hace el frío suficiente para permitir la presencia continuada de nieves perpetuas. Lejos de esa zona, los rayos solares van inclinándose cada vez más y calientan menos la Tierra, con lo que dicho nivel desciende progresivamente. En la ilustración se representan las secciones de tres montañas situadas a distintas distancias del ecuador.

La meseta Escandinava estuvo unida a los Apalaches hasta que ambos macizos quedaron divididos por el ensanchamiento del océano Atlántico

Ha pasado tanto tiempo desde que se levantaron los montes Urales que su altura sólo alcanza los 1 000 m, como consecuencia de la erosión

El Himalaya es una cordillera grande y elevada que representa el lugar donde se cerró el antiguo océano de Tetis

Las cordilleras de Mongolia se formaron hace 450-600 millones de años

Las montañas del valle del Rift, en el África oriental, tienen un origen volcánico relacionado con una dorsal incipiente no desarrollada.

Los Alpes, el Atlas y los Cárpatos se formaron como consecuencia del movimiento de África hacia Europa

La cordillera Transantártica se extiende a lo largo de una grieta que cruza la Antártida

Desde que se formó la Gran Cordillera Divisoria, hace 300 millones de años, la actividad tectónica ha sido escasa en Australia

Esta imagen de satélite muestra las cumbres de los Andes, cerca de Santiago de Chile, cubiertas por la nieve invernal.

### Interpretación del mapa

- Montañas del Cenozoico (menos de 65 millones de años de antigüedad)
- Montañas del Mesozoico (65-250 millones de años)
- Montañas del Paleozoico inferior (250-450 millones de años)
- Montañas del Paleozoico superior (450-565 millones de años)

## MONTAÑAS ORIGINADAS POR LA SUBDUCCIÓN

Se originan por la subducción de la corteza oceánica bajo un continente y están formadas en parte por el magma de la corteza fundida, que puede aflorar a la superficie en forma de lavas o enfriarse en el interior, dando lugar a masas de granito.

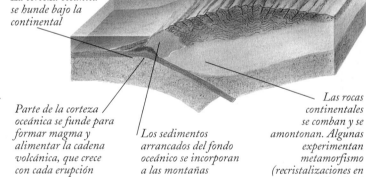

La corteza oceánica se hunde bajo la continental

Parte de la corteza oceánica se funde para formar magma y alimentar la cadena volcánica, que crece con cada erupción

Los sedimentos arrancados del fondo oceánico se incorporan a las montañas

Las rocas continentales se comban y se amontonan. Algunas experimentan metamorfismo (recristalizaciones en estado sólido)

### Montañas desgastadas

Los montes Apalaches, en América, se formaron hace unos 250 millones de años en paralelo a una cordillera aún más antigua (Caledónica). Las fuerzas erosivas han atacado a la cordillera desde su creación, dejando en pie crestas serpenteantes de cuarcita dura. Las rocas más blandas entre las crestas se erosionan con mayor facilidad, dando origen a la formación de valles. La imagen de satélite de los Apalaches, en Pennsylvania (izquierda), muestra los característicos dibujos creados por la erosión.

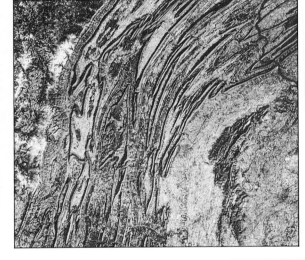

## ESTRUCTURAS MONTAÑOSAS

La formación de montañas incluye movimientos de compresión y de distensión. Estas ilustraciones muestran diferentes tipos de pliegues y fracturas que pueden verse en las cordilleras.

Al separarse por distensión, las rocas se fracturan. Ésta es una falla normal.

Las rocas también se fracturan por compresión. Ésta es una falla inversa.

Las rocas se agrietan al plegarse, con lo cual se erosionan más deprisa. De este modo, las partes superiores de los pliegues no quedan como cumbres montañosas.

### Rocas plegadas

Los sedimentos estratificados comienzan a plegarse cuando las rocas de la corteza sufren una progresiva compresión.

### Pliegue-falla

Cuando el pliegue es muy intenso y las rocas no pueden curvarse más, se fracturan y forman un pliegue-falla.

### Pliegues y fallas

En una cordillera, los estratos rocosos se aprietan y pliegan formando cabalgamientos y mantos de corrimiento. La erosión destruye las cumbres de la masa rocosa plegada modelando los picos.

# COLISIÓN CONTINENTAL

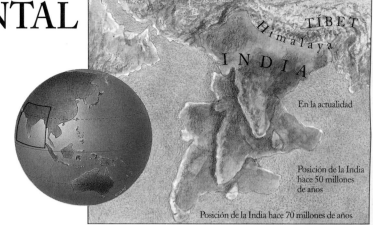

TÍBET

Himalaya

INDIA

En la actualidad

Posición de la India hace 50 millones de años

Posición de la India hace 70 millones de años

DURANTE LOS ÚLTIMOS 70 MILLONES de años un fuerte choque entre dos continentes ha originado la cordillera más espectacular de la Tierra, el Himalaya. El continente indio comenzó a moverse lenta pero constantemente hacia el Norte hasta encontrarse con Asia, engullendo a su paso un antiguo océano. Primero chocaron contra Asia algunas pequeñas tierras emergidas, formando el Himalaya joven. A medida que se acercaban los dos continentes, el fondo oceánico se iba hundiendo por debajo de ellos. Cuando todo el océano desapareció en la subducción, la India entró por fin en contacto con las montañas asiáticas. La India ha continuado moviéndose hacia el Norte y Asia ha sufrido empujes y plegamientos hasta crearse la cordillera y la meseta más altas del mundo.

## El empuje de la India

Antes de la colisión con Asia, la placa índica se desplazaba a razón de 18 cm al año hacia el Norte. Al encontrarse los continentes, la velocidad se redujo a 5 cm anuales. El Himalaya es la cordillera más joven resultante de esta colisión.

## EL INTERIOR DE UNA CORDILLERA

La India (a la izquierda) ha empujado contra Asia como un ariete. El choque apenas ha modificado al subcontinente indio, pero Asia se ha combado y su corteza casi ha duplicado su grosor. Por tanto, en la zona se ha producido un fuerte acortamiento. Ello se debe en parte al plegamiento y fractura de la corteza asiática, y a la superposición de los dos continentes. A medida que se levantan las montañas se producen fenómenos erosivos causados por el viento, el hielo y la lluvia, que generan nuevos sedimentos.

*En el fondo marino del sur de la India se crea nueva corteza oceánica*

## Cuña de sedimentos *(prisma de acreción)*

Esta cuña de sedimentos en forma de abanico se ha desprendido de la placa hundida y se ha acumulado uniéndose a Asia. Se conoce como prisma de acreción.

*Sedimentos jóvenes formados por la erosión del Himalaya*

I N D I A

SRI LANKA

OCÉANO ÍNDICO

Río Ganges

Himalaya

*La corteza continental de la India es antigua y dura*

*Las impresionantes cumbres heladas del Thamserku se elevan en la región del Everest, en Nepal.*

## El techo del mundo

En el Himalaya se encuentra la montaña más alta de la Tierra, el Everest, que se alza a 8 848 m sobre el nivel del mar. Muchas otras montañas de esta cordillera alcanzan altitudes de más de 8 000 m. La altura exacta del Everest es difícil de determinar, debido a que la profundidad de la nieve que lo cubre cambia constantemente.

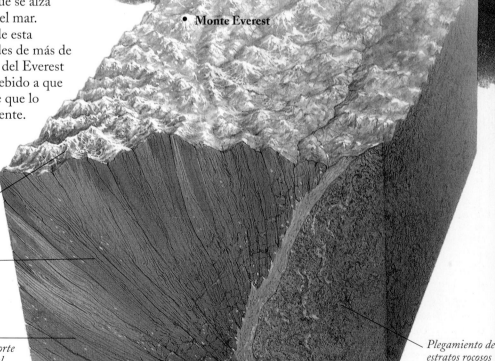

• **Monte Everest**

## SECCIÓN TRANSVERSAL DEL HIMALAYA

Las rocas que hoy constituyen las altas cimas del Himalaya se formaron en el fondo del océano de Tetis, que antiguamente separaba la India de Asia. Al unirse los continentes, la pesada corteza oceánica se hundió, pero los sedimentos más ligeros del fondo marino se desprendieron en cortes sucesivos y, como consecuencia de los plegamientos y fallas, se incorporaron a la cordillera del Himalaya. Las fallas empujaron cada corte de roca sobre los otros. Esta imagen aumentada de un sector de la ilustración principal muestra la repetición continua de la sucesión de capas rocosas creadas por las fallas.

*Los glaciares cortan las laderas de las montañas*

*Fracturas causadas por la compresión de los estratos rocosos*

*Las rocas más jóvenes de un corte se encuentran al lado de las más viejas del siguiente*

*Plegamiento de estratos rocosos*

# BIOGRAFÍA DE LA INDIA

La India se separó del antiguo continente meridional de Gondwana al formarse un nuevo océano entre ella y la Antártida. En el norte de la India, varios continentes menores se agregaron a Asia a medida que se hundía el fondo del océano de Tetis. Así, la India chocó con Asia y la subducción se interrumpió, pues la corteza continental es demasiado ligera para hundirse. El borde del continente asiático se comprimió y resquebrajó al ser empujado por la India, cuya zona norte se empotró debajo del Tíbet.

## Hace 70 millones de años la India comienza a moverse hacia el Norte

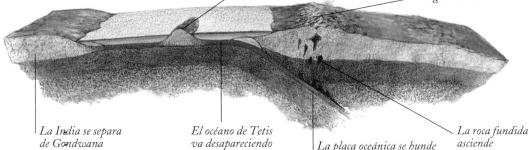

*Un continente menor va a hundirse en la zona de subducción*

*Sobre la zona de subducción se forma una cordillera u orógeno térmico*

*La India se separa de Gondwana*

*El océano de Tetis va desapareciendo*

*La placa oceánica se hunde en la zona de subducción*

*La roca fundida asciende*

## Hace 50 millones de años la India choca con Asia

*Los últimos restos del océano de Tetis desaparecen en la zona de subducción*

*Antigua línea (sutura) donde el continente menor se incorporó a Asia*

*Continúa la actividad volcánica*

*Los sedimentos oceánicos son empujados y se acumulan sucesivamente*

*El borde meridional de Asia comienza a comprimirse*

### Zona de terremotos

Violentos terremotos originados en las profundidades del extremo occidental del Himalaya indican que continúa el proceso de subducción.

### El Karakorum

En la cordillera del Karakorum se encuentra el K2, el segundo pico más alto del Himalaya, con una altitud de 8 611 m.

### Altura y aridez

La barrera montañosa cierra el paso de las lluvias monzónicas, lo que explica que gran parte del Tíbet sea un desierto.

## LA MESETA DEL TÍBET

Los expertos creen que no puede haber una corteza continental más gruesa que la del Tíbet. Aquí, la superficie de la meseta se halla a la impresionante altura de 5 000 m sobre el nivel del mar. La meseta es una tierra árida y desprovista de árboles, salpicada de montañas bajas. En sus llanuras se acumulan densas capas de sedimentos procedentes de la erosión de las montañas.

### Manantiales termales del Tíbet

No hay ningún volcán activo sobre los restos de la zona de subducción en el Tíbet, ya que se trata de un orógeno frío. No obstante, hay manantiales de aguas termales, cuyo calor procede de la roca ígnea en proceso de enfriamiento.

TÍBET

Karlas
Kunlun
Tien Shan

Meseta del Tíbet

*Rocas formadas por los restos del continente menor*

### Zona de subducción

Cuando dos placas chocan, especialmente en el borde de un océano, el impacto puede provocar el hundimiento de una placa por debajo de la otra. Es lo que se conoce como subducción. A medida que se hunde, la placa va fundiéndose. En las zonas de subducción son frecuentes los terremotos y los volcanes.

### Corteza fundida

La corteza oceánica hundida comienza a fundirse a más de 100 km de profundidad. La roca incandescente y líquida se abre paso a través de las grietas y los puntos débiles de los estratos rocosos superiores. Se acumula en enormes masas subterráneas llamadas plutones, que pueden enfriarse y endurecerse para formar rocas ígneas como el granito.

## LAGO BAIKAL

Los efectos de la compresión de Asia pueden verse a miles de kilómetros al Norte, en el lago Baikal, en Siberia. Este lago es producto de la lógica distensión perpendicular a dicha compresión. Se extiende sobre una gran grieta que se ha estado abriendo durante 25 millones de años y cuya profundidad es de unos 9 km, casi tanto como la de la fosa de las Marianas. A lo largo del tiempo, la grieta se ha rellenado con sedimentos, pero en la actualidad el Baikal sigue siendo el lago más profundo de la Tierra, en el que se almacena cerca de una quinta parte del agua dulce del planeta. Si la India continúa presionando hacia el norte, es posible que en el futuro el Baikal se convierta en un nuevo océano que dividirá en dos el territorio de Siberia.

*La compresión de Asia ha originado una grieta*

*Corteza engrosada bajo el Tíbet*

*Lago Baikal*

# LA FORMACIÓN DE LA CORTEZA

FUERZAS QUE ACTÚAN por encima y por debajo del suelo se combinan para crear, destruir y modificar la corteza terrestre en un ciclo continuo. En las dorsales se crea constantemente la corteza basáltica oceánica. Esta nueva corteza se va alejando de la dorsal para sumergirse de nuevo en el interior de la Tierra en una zona de subducción (bordes destructivos), donde se funde convirtiéndose en magma. Al ascender, este magma aflora a la superficie para alimentar un volcán o forma grandes bolsas subterráneas llamadas plutones, que a su vez pueden enfriarse y dar origen a rocas como el granito, contribuyendo a la elevación de la cordillera. A gran profundidad, las rocas sufren cambios a causa de la presión y la temperatura, se calientan y recristalizan. Al elevarse las montañas, sus laderas se erosionan, y los fragmentos rocosos que se desprenden formarán nuevas rocas. A partir de estos procesos se crean las tres familias de rocas terrestres: ígneas, metamórficas y sedimentarias.

### Islas Galápagos

Forman parte de una dorsal oceánica en expansión situada al suroeste de Guatemala, en América Central.

## CREACIÓN Y CAMBIO

En esta doble página se representan las montañas costeras de Guatemala y las vecinas islas Galápagos. Algunas secciones se han separado para mostrar los procesos por los que se crea la corteza terrestre. La cordillera, sobre una zona de subducción, está formada, en parte, de granito, una roca ígnea originada por la mezcla y diferenciación de la corteza oceánica con la continental de la zona donde se sumerge. Al avanzar el granito hacia la superficie, su aureola de calor transforma las rocas adyacentes, formándose las metamórficas. Las cumbres se erosionan casi a la misma rapidez con que se elevan, lo que genera unos sedimentos que, a su vez, forman las nuevas rocas sedimentarias junto a la costa de Guatemala.

Los círculos indican la proporción de cada tipo de roca (ígneas, sedimentarias y metamórficas) que hay en cada lugar.

### Rocas costeras

Grandes cantidades de sedimentos, desde enormes cantos rodados a finos granos de arcilla, se desprenden de las montañas próximas y se acumulan en el litoral, donde sólo se encuentran rocas sedimentarias.

### Rocas de montaña

En las zonas montañosas, el granito constituye cerca de un tercio de los materiales, las rocas sedimentarias forman otro tercio, y el resto son rocas metamórficas.

*Un tor es un promontorio escarpado formado por la erosión del granito. La colina de Vixen Tor se encuentra en Devon.*

## PAISAJE GRANÍTICO

La ilustración inferior muestra algunos rasgos del paisaje granítico. La cima de un batolito aparece desgastada entre las erosionadas raíces de antiguos volcanes.

*La erosión descubre agujas volcánicas correspondientes a su chimenea*

*Tor residual formado por la erosión parcial del batolito*

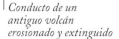

*Conducto de un antiguo volcán erosionado y extinguido*

*Al hundirse la cima de un plutón de granito, el agua rellena la cavidad*

*Sector de un domo granítico*

### Plutones

Las masas ascendentes de magma se denominan así por Plutón, el dios romano de los infiernos.

### Rocas internas

El interior de una cordillera joven está formado principalmente por rocas ígneas y metamórficas.

### Batolito granítico

Tras enfriarse lentamente durante millones de años, el plutón se convierte en granito. Es posible que nuevas masas de magma fundan de nuevo el granito, de modo que la historia de un batolito puede ser muy compleja.

# PAISAJE BASÁLTICO

La ilustración de la derecha muestra algunos de los rasgos de un paisaje basáltico. Las coladas de lava basáltica se derraman sobre otras anteriores fragmentadas en columnas. La lava se extiende en la llanura formando capas que pueden estratificarse. Las partes superiores de una colada suelen cubrirse por bloques abultados de lava que se erosionan relativamente deprisa dando lugar a un rico suelo que puede presentar tonos rojizos. Donde una colada de lava se desliza sobre otra pueden formarse relieves escalonados. Este tipo de paisaje es característico de algunos lugares de Siberia.

## Columnas

Estas elevadas columnas basálticas se crearon tras el lento enfriamiento de una colada de lava, fragmentada en forma de prismas. Su erosión ha dado origen a las acumulaciones rocosas bajo el acantilado.

*Paisaje escalonado*

## Coladas de lava

Una nueva colada de lava se precipita desde el acantilado de columnas basálticas. La lava líquida avanza por el interior de una capa arrugada de lava más fría a una velocidad de hasta 50 km/h. A medida que se enfría, su movimiento se hace más lento.

*La fotografía superior muestra la lava basáltica que rebosa del volcán Kilauea, en Hawai (EE UU). Esta lava líquida y ardiente con una superficie más fría se conoce con el nombre hawaiano de pahoehoe. El mismo tipo de lava basáltica surge de las dorsales oceánicas, constituyendo el fondo oceánico.*

## Corteza destruida

La corteza basáltica oceánica retorna al manto terrestre en una zona de subducción. Los materiales sedimentados sobre la corteza pueden ser barridos y unirse al borde continental.

## Rocas de la dorsal

En las dorsales, casi todas las rocas son ígneas.

*Fondo oceánico nuevo en una dorsal*

## Rocas isleñas

En las islas volcánicas la mayor parte de las rocas son ígneas, aunque pueden encontrarse algunas rocas sedimentarias.

## Islas basálticas

Las islas Galápagos están constituidas por rocas basálticas formadas por magma caliente que aflora desde el manto junto a la dorsal.

O C É A N O  P A C Í F I C O

ISLAS GALÁPAGOS

CRESTA DE COLÓN

FOSA CENTROAMERICANA

## Corteza en formación

En las dorsales, el magma basáltico aflora a la superficie y se solidifica. Las capas de lava se extienden por el fondo oceánico para crear la nueva corteza, mientras una parte del magma se enfría por debajo.

*Nubes de ceniza y polvo son liberadas a la atmósfera*

*Las cenizas y otros materiales piroclásticos se depositan en estratos*

*Un volcán expulsa lava y material piroclástico*

*Las rocas ígneas se enfrían y erosionan*

*Las rocas basálticas se introducen en el manto y empiezan a fundirse a 100 km de profundidad*

*Estos estratos se comprimen y endurecen*

**Roca ígnea**
*Las rocas ígneas extrusivas se forman al enfriarse la lava*

*Algunas rocas sedimentarias y metamórficas se erosionan y forman nuevos estratos*

## Rocas del borde continental

Las rocas ígneas se encuentran en el borde del continente, y a partir de ellas se crean las rocas metamórficas.

# EL CICLO DE LAS ROCAS

Es el ciclo por el que unas rocas se modifican para formar otras. El gráfico de la derecha lo explica con claridad. Las rocas ígneas (de la palabra latina que designa al fuego) se forman por el enfriamiento de magmas. Si se produce en el interior, se forman las rocas plutónicas. Si, por el contrario, el magma se enfría en la superficie, se forman las rocas volcánicas. Estas rocas, al quedar expuestas a los efectos del agua, el viento y el hielo, se erosionan y dan origen a estratos de rocas sedimentarias. En el interior de las cordilleras, las rocas se modifican por efecto del calor y la presión, y sin fundirse, recristalizan, convirtiéndose en metamórficas (expresión de origen griego que indica transformación). El ciclo es continuo, y cada transformación puede durar muchos millones de años.

*El magma asciende a la superficie y sale por el volcán en forma de lava*

*Las rocas ígneas plutónicas se forman al enfriarse y solidificarse el magma en profundidad*

*El calor y la presión pueden recristalizar sin fundir la roca, convirtiéndola en otra distinta*

**Roca sedimentaria**

**Roca ígnea**

*La roca se funde y forma el magma*

*Si se calienta lo suficiente, la roca puede convertirse de nuevo en magma*

**Roca metamórfica**

# LA EROSIÓN DE LA CORTEZA

A LA VEZ QUE SE CREA la nueva corteza, una serie de fuerzas actúan constantemente para erosionarla. Pueden ser tan evidentes como un gigantesco corrimiento de tierras, o tan invisibles como un grano de arcilla transportado por una gota de agua de lluvia. Cuando las rocas de la superficie entran en contacto con la atmósfera, los cambios meteorológicos producen continuas fluctuaciones en la temperatura y la humedad. Las rocas se dilatan y se contraen, se empapan de agua y se secan. Estos cambios separan las partículas minerales que constituyen las rocas, creando numerosos fragmentos rocosos que pueden mantenerse en su sitio o ser transportados por la lluvia, por el hielo y la nieve al derretirse, por el viento o por los ríos, como el poderoso Huang He, que aparece en la ilustración. Las raíces de las plantas también intervienen en la rotura de las rocas al actuar como cuñas entre sus grietas y facilitar la entrada del agua. Los agentes meteorológicos resquebrajan y «corrompen» químicamente las rocas, y la erosión hace que se desprendan y trasladen las partículas.

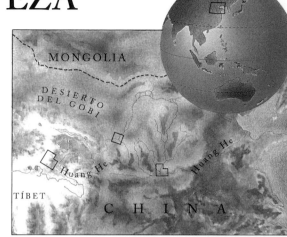

### El curso del Huang He

El Huang He, o río Amarillo, recorre 4 830 km a través de China desde sus fuentes en las montañas del norte del Tíbet; hace una curva cerca de Mongolia y se dirige después al sur para desembocar en el mar Amarillo.

### El color amarillo

El agua del río es transparente en las rocosas montañas, pero se carga fácilmente del ligero limo amarillo formado por loess, sobre todo en los campos cultivados. Es ahí donde adquiere la mayor parte del sedimento que le da su nombre.

### Avance en meandros

Cerca del mar, el río atraviesa las suaves laderas de la llanura aluvial. En este tramo, la corriente aparece cargada de sedimentos amarillos. Mientras avanza lentamente, serpenteando en amplios meandros, va depositando gran parte de su carga de aluviones. El río fluye a través de bancos de sedimentos anteriores y cada año deposita nuevos materiales, rellenando el cauce fluvial.

*El Huang He está tan cargado de sedimentos amarillos que el color de sus aguas es igual que el de sus orillas.*

*Tras dejar los campos de loess, casi un tercio del volumen total del río se compone de sedimentos*

### Una rica llanura aluvial

Durante muchos miles de años, las crecidas han sido desastrosas para los pueblos que viven aquí. Sin embargo, los sedimentos depositados durante las inundaciones son los que enriquecen el suelo y atraen a la gente a la región.

*Al frenarse la corriente, deposita su carga sedimentaria*

*Antiguos estratos de limo y grava se suceden en el interior de la curva*

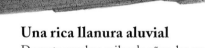

## UN CURSO SERPENTEANTE

Al trazar una curva, el agua del río fluye más deprisa en la parte exterior del cauce, donde erosiona y también hay mayor profundidad. En la parte interior el río es menos profundo y fluye más lentamente, depositando limos y guijarros. Con el tiempo, el lecho fluvial se traslada hacia el exterior, de modo que lo que era un suave recodo se va transformando en una curva cerrada. Así, el curso se traslada lateralmente, serpenteando por la llanura y formando meandros.

*El agua avanza con mayor rapidez en la parte exterior de la curva*

*El agua profunda erosiona los bancos de arena y grava de la orilla*

## EL HUANG HE EN CHINA

En estas páginas se muestran tres secciones del Huang He. El río transporta algunos sedimentos desde sus fuentes en las montañas del Tíbet. Aguas abajo se encuentra la región del loess, donde la erosión actúa con facilidad y genera un limo amarillento. El río arranca las finas y fangosas partículas de loess y las transporta hasta las llanuras próximas al mar, donde el caudal fluye lentamente y ya no puede transportar los sedimentos, que se depositan en el lecho fluvial elevando su nivel constantemente.

*En las regiones montañosas, turbulentas corrientes fluyen sobre los lechos rocosos de los valles*

*Los valles tienen laderas escarpadas*

### Cumbres escarpadas

El Kunlun Shan (montes Kunlun) se ha erosionado formando un relieve abrupto. A medida que los ríos van excavando sus valles, los picos se hacen más escarpados e inestables.

### Por arriba y por abajo

Cuanto mayores son las fuerzas internas de la Tierra que levantan las montañas, más rápidamente actúa sobre ellas la erosión.

### La región montañosa

En invierno, la nieve y los glaciares cubren las altas montañas. Las rocas pueden resquebrajarse al congelarse el agua entre las grietas por la noche y licuarse durante el día. En verano, la nieve se derrite y alimenta los rápidos torrentes que erosionan y transportan fragmentos rocosos hacia el curso bajo del río.

*Sección de campos de loess en terrazas*

### Valles excavados

Los valles fluviales tienen laderas escarpadas porque las montañas están formadas por estratos de roca dura. Cuando la roca es más blanda, los valles son menos abruptos.

## LA EROSIÓN DE LAS LADERAS

La atracción de la gravedad hace que la superficie de las laderas emigre lentamente hacia abajo. La erosión de las laderas se produce más deprisa en los terrenos escarpados, que son inestables o presentan una estabilidad precaria. Las laderas más suaves o cubiertas de árboles resisten mejor la erosión.

### Caída de rocas

Al pie de las laderas escarpadas y rocosas suele haber taludes, montones de fragmentos rocosos que han caído desde la pared. El talud hace que la ladera sea menos abrupta y reduce el ritmo de la erosión.

### Las tierras loéssicas

Las laderas del curso medio del Huang He se erosionan rápidamente. Estas laderas están constituidas por loess, sedimentos blandos y jóvenes de polvo que fue transportado por el viento desde los desiertos del Asia central y depositado aquí durante las glaciaciones del Pleistoceno. El valle fluvial es llano en los lugares donde se ensancha y los estratos sedimentarios bordean el lecho del río. En otros puntos, donde el río avanza atravesando rocas duras, sus aguas cargadas de limo fluyen en torrentes por gargantas encajonadas entre abruptas laderas.

*En las laderas se han modelado una serie de peldaños denominados terrazas. En ellas los agricultores pueden cultivar la tierra desde el nivel inferior hasta las cimas de las colinas. Estas terrazas contribuyen además a evitar la desaparición del suelo provocada por las fuertes lluvias*

*Los estratos de limos pedregosos constituyen una roca blanda que se erosiona con facilidad*

*Los árboles crecen buscando la luz del sol, a pesar de la reptación del suelo*

### Deslizamiento de tierras

A lo largo de las grietas curvas de la roca se producen deslizamientos escalonados de tierras. Éstos pueden hacer que la ladera sea más suave, salvo cuando un río erosiona la «punta del pie» al fondo del deslizamiento, en el valle.

### Migración del suelo

Todas las laderas muestran algún signo de la continua reptación del suelo, aunque su movimiento sea muy lento y no pueda apreciarse a simple vista. Cada lluvia torrencial y cada helada hacen que el suelo descienda un poco por la ladera junto con los fragmentos rocosos del subsuelo. Las lluvias intensas pueden desnudar una ladera entera, dejándola sin talud, sobre todo cuando hay pocos árboles que pudieran detener el desprendimiento de los materiales.

# LA ESTRATIFICACIÓN

LOS SEDIMENTOS transportados por los ríos y los glaciares desde las regiones montañosas encuentran finalmente un lugar de reposo, la cuenca de sedimentación. Pueden acumularse como cantos rodados y grava al pie de una montaña, como dunas de arena en un desierto, como limos y sales en un lago salado o como arena y guijarros en la ribera de un río o en un litoral marítimo. Se depositan en estratos, siendo más jóvenes los que están encima. Estos estratos son visibles cuando han sido levantados y después cortados por ríos de gran fuerza erosiva. El caso más espectacular probablemente es el del Gran Cañón, excavado en los estratos rocosos de la meseta del Colorado por el río del mismo nombre.

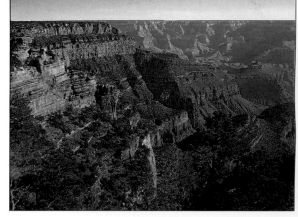

*Esta vista espectacular del Gran Cañón fue tomada desde la punta Mather, en el borde Sur. En la imagen puede verse el borde Norte.*

**Borde Norte**

El borde Norte es 300 m más alto que el borde Sur y permanece cubierto de nieve hasta finales de la primavera.

**Paredes erosionadas**

Durante millones de años, la erosión ha cincelado y modelado las curvas y los barrancos de las paredes del Cañón.

**Los colores del Cañón**

Los estratos de distintos tipos de roca aportan al Cañón sus extraordinarios colores, que abarcan desde la caliza gris a la arenisca amarilla, situados sobre granito rosa y el esquisto negruzco.

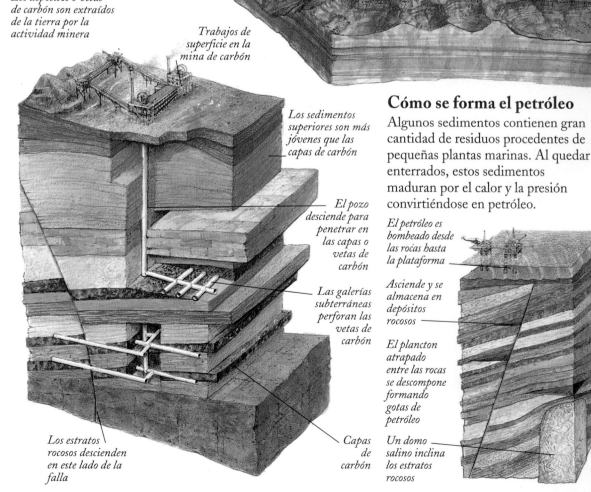

Punta Bright Angel

MESETA DE KAIBAB

Punta Widforss

Templo de Manu

CAÑÓN BRIGHT ANGEL

Templo de Buda

CAÑÓN HAUNTED

Pirámide de Keops

Punta Tiyo

Templo de Isis

## CÓMO SE FORMA EL CARBÓN

El carbón empezó a formarse con el crecimiento de grandes bosques en zonas pantanosas de los deltas fluviales. Al morir, los árboles caían en la ciénaga y, en lugar de descomponerse, como les habría ocurrido al aire libre, los troncos muertos se mantuvieron bajo el agua uniéndose entre sí para formar un material oscuro y fibroso llamado turba. Ésta quedó enterrada por estratos de nuevos sedimentos (arena, limo y barro), y a medida que se acumulaban más capas sedimentarias se iban comprimiendo los sucesivos estratos de turba originados por el bosque. Al cabo de muchos millones de años, la presión y el calor transformaron la turba en carbón.

*Los depósitos o vetas de carbón son extraídos de la tierra por la actividad minera*

*Trabajos de superficie en la mina de carbón*

*Los sedimentos superiores son más jóvenes que las capas de carbón*

*El pozo desciende para penetrar en las capas o vetas de carbón*

*Las galerías subterráneas perforan las vetas de carbón*

### Cómo se forma el petróleo

Algunos sedimentos contienen gran cantidad de residuos procedentes de pequeñas plantas marinas. Al quedar enterrados, estos sedimentos maduran por el calor y la presión convirtiéndose en petróleo.

*El petróleo es bombeado desde las rocas hasta la plataforma*

*Asciende y se almacena en depósitos rocosos*

*El plancton atrapado entre las rocas se descompone formando gotas de petróleo*

**De árboles a turba**

Los árboles blandos y no leñosos de una ciénaga tropical pueden dar origen a la turba.

**De turba a carbón**

Cada nueva capa de sedimentos comprime la turba transformándola en carbón.

*Los estratos rocosos descienden en este lado de la falla*

*Capas de carbón*

*Un domo salino inclina los estratos rocosos*

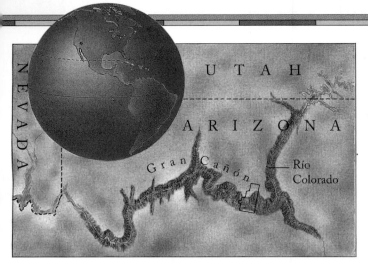

## CAMBIOS EN LOS SEDIMENTOS

El nivel del mar cambia con el tiempo, produciendo movimientos en la línea de costa. Las montañas submarinas desplazan las aguas oceánicas, que inundan las plataformas continentales.

*Depósitos de lodo en aguas profundas* — *Arena* — *Línea de costa*

## CAMBIOS EN LOS LITORALES

Las plataformas continentales pueden emerger cuando el nivel del mar está bajo; durante una glaciación o en otras situaciones.

*Depósitos de arena en la orilla* — *Línea de costa* — *Tierra firme*

### El Gran Cañón y el río Colorado en Arizona

El río Colorado ha excavado el impresionante Gran Cañón a lo largo del territorio de Arizona, en el suroeste de los Estados Unidos. El Cañón mide 349 km de largo, tiene una anchura máxima de 30 km y su profundidad es de 1,9 km.

### Las rocas de los bordes

Las rocas próximas a los bordes del Cañón se formaron a partir de sedimentos depositados hace 250 millones de años. Los estratos describen los cambios ocurridos a lo largo de la historia de la región. Algunos constituyeron un antiguo lecho marino, mientras que otros fueron arenas de desierto.

### Borde Sur

La lluvia es escasa en la meseta desértica del borde Sur, de modo que hay poca agua que pueda fluir y erosionar las paredes del Cañón. Por consiguiente, el borde Sur del Cañón presenta las laderas más escarpadas, y el río traza su curso al pie de las paredes verticales.

### Vestigios fósiles

Los fósiles que se encuentran en las paredes del cañón registran la evolución de la vida. Las formas más antiguas, como los trilobites, están cerca del fondo, mientras que en la cima se hallan reptiles fósiles.

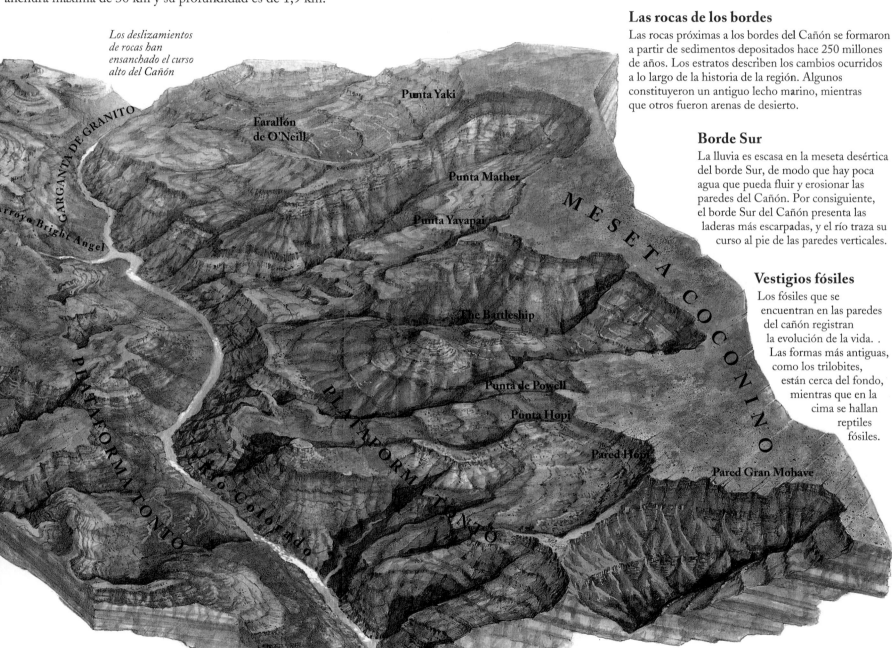

*Los deslizamientos de rocas han ensanchado el curso alto del Cañón*

*Los fragmentos de roca arrastrados por el río erosionan nuevos sedimentos en su recorrido por el Cañón*

Punta Yaki — Farallón de O'Neill — Punta Mather — Punta Yavapai — The Battleship — Punta de Powell — Punta Hopi — Pared Hopi — Pared Gran Mohave — GARGANTA DE GRANITO — Arroyo Bright Angel — PLATAFORMA TONTO — Río Colorado — MESETA COCONINO

### El río Colorado

Desde sus fuentes en las montañas Rocosas de Colorado, el río desciende abruptamente a través de varios cañones y por el desierto. Es posible que el río tenga una edad de hasta 30 millones de años, mientras que la meseta es de formación más reciente.

### Profundidad

El levantamiento de la meseta proporcionó al río un curso cada vez más inclinado en su recorrido hacia el mar. De este modo, las aguas fluían más deprisa y tenían mayor fuerza para excavar el lecho fluvial y hacer más profundo el fondo del Cañón.

### Paredes escarpadas

Acompañando al rápido levantamiento de la meseta, el río ha excavado un cañón cada vez más escarpado a lo largo de los últimos dos millones de años.

## LA HISTORIA DEL CAÑÓN

En su punto más profundo, el Gran Cañón atraviesa estratos rocosos de hace 2 000 millones de años. Las rocas metamórficas, las más antiguas, se formaron en el conjunto de una antigua cordillera. Sobre las montañas se depositaron estratos más recientes de caliza, esquisto y arenisca, que posteriormente se elevaron para constituir la meseta del Colorado. Al mismo tiempo que se levantaba y abombaba la meseta, el río fue excavando un cauce cada vez más profundo.

# CAMBIOS EN LA CORTEZA

EN EL CORAZÓN de las cordilleras terrestres hay rocas distintas de las sedimentarias y las ígneas. Poseen texturas y estructuras peculiares y contienen minerales diferentes. Se trata de las rocas metamórficas, originadas por la transformación de rocas ígneas o sedimentarias. Las modificaciones se han producido por el calor procedente de intrusiones próximas de roca ígnea, por la enorme presión que supone el peso de las montañas o por acción química. El calor y la presión hacen que las rocas se recristalicen sin fundirse. La presencia de algunas rocas metamórficas indica que antiguamente hubo montañas en el paisaje, aunque ya no existen.

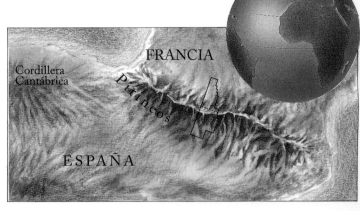

### Los Pirineos

A lo largo de 435 km los Pirineos constituyen la frontera entre Francia y España. Aún en proceso de levantamiento, son una de las cordilleras más jóvenes de la Tierra.

## MONTAÑAS METAMÓRFICAS

En esta doble página se representa la cordillera de los Pirineos. En su interior hay intrusiones de granito. Al ascender, el magma granítico transforma las rocas de alrededor debido a su aureola de calor y se abre paso. A lo largo de muchos millones de años, las rocas sedimentarias y las ígneas, más antiguas, sufrieron transformaciones en el interior de la cordillera. En la actualidad se han erosionado muchos kilómetros de roca en las cimas de los Pirineos, dejando al aire su corazón metamórfico e ígneo.

*Estos estratos de roca sedimentaria en el pico de Vallibierna se han plegado y recostado unos sobre otros. Parte del plegamiento se ha erosionado.*

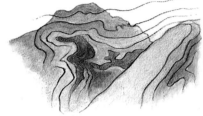

### Pico de Vallibierna, España

Este es el esquema del plegamiento que aparece en la fotografía de la izquierda.

### Plegamientos de rocas

En las cordilleras aparecen plegadas las rocas sedimentarias que se depositaron inicialmente en estratos horizontales. Las fuerzas que crean las montañas empujan y pliegan los estratos, formando a veces intrincados dibujos que posteriormente quedan expuestos como consecuencia de la erosión.

### Cambios en la cordillera

El metamorfismo que se produce en una zona extensa, sobre todo en las cordilleras, se conoce como metamorfismo regional.

### Laguna Helada, España

El esquema muestra un pliegue recostado en los estratos de la laguna Helada, cuya imagen se aprecia a la derecha. El plegamiento es tan intenso que algunas series de estratos están invertidas. La parte alta del plegamiento ha desaparecido por la erosión.

*La laguna Helada, en el Parque Nacional de Ordesa (España), muestra el reflejo de las rocas plegadas que se alzan sobre ella.*

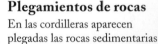

*Sección de una intrusión de granito*

### Intrusión

Esta intrusión de granito se enfrió en la corteza a una profundidad de muchos kilómetros. Ahora ha aflorado a la superficie como consecuencia de la erosión.

*Roca encajante*

# LA HISTORIA DE LOS PIRINEOS

Hace cien millones de años el gran océano de Tetis se extendía entre Europa y África. Enormes fuerzas internas de la Tierra empujaron a África hacia el norte y el océano desapareció engullido en una zona de subducción. Los sedimentos del fondo oceánico se plegaron al comprimirse, sufriendo intensos esfuerzos que empujaron y apilaron las masas rocosas para formar los Pirineos. Algunas rocas profundas se calentaron en el interior de las montañas. Cuando las rocas en profundidad fueron sometidas a altas presiones y temperaturas, recristalizaron en estado sólido, convirtiéndose en rocas metamórficas.

**Hace 200 millones de años**

Los sedimentos se depositaron en el fondo y en los márgenes del océano de Tetis.

**Hace 100 millones de años**

La península Ibérica y Francia chocaron y empezó a levantarse una cordillera.

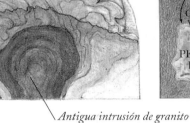

*Las rocas se pliegan y se empujan entre sí*

## Hace dos millones de años

El granito, más antiguo, empujó las rocas plegadas y comprimidas, haciendo más compleja la estructura de la cordillera. Todas las rocas se calentaron y transformaron.

*Las rocas más próximas a la intrusión se calientan más*

*La erosión desgasta las rocas de las cumbres, descubriendo rocas formadas en profundidad*

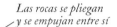

*Antigua intrusión de granito en la profundidad de las montañas*

# LA DERIVA IBÉRICA

Al moverse África hacia el norte, la península Ibérica (el territorio de España y Portugal) colisionó lateralmente con Europa. Los sedimentos depositados fueron sometidos a fuertes presiones laterales que provocaron su elevación, plegamiento y erosión. En la actualidad, el mar Mediterráneo es todo lo que queda del antiguo océano de Tetis.

## Modelado glacial

Las elevadas laderas de los Pirineos han sido excavadas por los glaciares que las cubrieron durante el Pleistoceno, formando escarpados picos.

## Historia compartida

Los Pirineos son una de las cordilleras más jóvenes del mundo, junto con las Béticas, los Alpes y los Cárpatos en Europa y el Himalaya en Asia.

*Rocas plegadas y sometidas a procesos metamórficos en las proximidades del granito*

## Las estribaciones

Las rocas de las estribaciones muestran plegamientos menos complicados y un metamorfismo de menor intensidad.

*La roca oscura del centro del Pic la Canau se ha erosionado con más facilidad, formando un abarrancamiento en la ladera.*

# CÓMO CAMBIAN LAS ROCAS

Al comprimirse y calentarse, las partículas minerales se reordenan gradualmente en respuesta a los cambios de presión y temperatura. Surgen nuevos minerales que son más estables a altas presiones y temperaturas. El tipo de roca metamórfica que se crea depende de la composición de la roca original y de la cantidad de calor, de presión o de ambos que provoca el cambio.

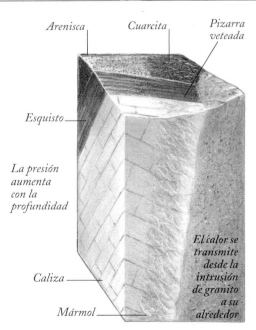

*Arenisca*

*Cuarcita*

*Pizarra veteada*

*Esquisto*

*La presión aumenta con la profundidad*

*Caliza*

*Mármol*

*El calor se transmite desde la intrusión de granito a su alrededor*

## Pic la Canau, Francia

El esquema muestra cómo se estiraron y agrietaron las rocas en la parte superior del pliegue, lo que facilitó la acción erosiva. Toda la cima ha desaparecido.

# LA ASOMBROSA TIERRA

LOS PAISAJES DE LA TIERRA muestran una asombrosa variedad, desde los desiertos o las espectaculares cascadas a las regiones polares o los elegantes conos volcánicos. Cada uno de ellos es el resultado de una historia geológica peculiar. Algunos paisajes han surgido como consecuencia de procesos erosivos o tectónicos (constructivos) recientes, lo que en la enorme escala del tiempo terrestre significa cambios a lo largo de las últimas decenas de millones de años. Otros fueron modelados por los mismos procesos, pero han cambiado poco en millones y millones de años. A continuación se representan algunos paisajes extraordinarios, como los hoodoos y los inselbergs.

## El cañón de Bryce, Utah

Los hoodoos (palabra africana que significa «espíritu») del cañón de Bryce son una masa de pináculos esculpidos por la acción del viento, la nieve y la lluvia sobre estratos de roca joven y blanda. La caliza de color rosado-anaranjado procede de los sedimentos acumulados en un lago hace apenas 60 millones de años.

*Estas torres de arenisca rojiza son los Mitones Norte y Sur*

*Los derrubios se acumulan al pie de los hoodoos*

## La tundra

En verano, una llanura acuosa se extiende en todas direcciones en las regiones árticas del norte de Canadá y Siberia. Bajo la superficie, el suelo se halla congelado permanentemente, de modo que el agua del deshielo no tiene salida y se acumula en charcas pantanosas. Al final del verano estas charcas se vuelven a congelar. Al convertirse en hielo, el agua que hay bajo la superficie se dilata y a veces produce en el suelo unos abombamientos llamados pingos (césped almohadillado).

## Monument Valley, Utah

Las grandes mesas y farallones que se elevan en el Monument Valley son montañas aisladas y aplanadas, compuestas de estratos horizontales de rocas sedimentarias. A lo largo de cientos de miles de años, estos estratos se han erosionado dejando como testigos estas altas torres pétreas.

*La cascada se precipita desde una meseta llana*

*Los terrenos pantanosos cubren una extensión equivalente a la de Gran Bretaña*

## El Pantanal, Brasil

En el interior de Brasil las lluvias estacionales que caen en las montañas alimentan grandes ríos. Al atravesar el nivel cenagoso del Pantanal, los ríos se desbordan y sumergen el territorio. Cuando cesan las lluvias, la zona queda cubierta de centenares de charcas poco profundas.

## El salto de Angel, Venezuela

La cascada más alta del mundo salva una caída de 979 m desde la meseta pantanosa de Aután Tepuí, en Venezuela. Debe su nombre al piloto Jimmy Angel, el primer extranjero que vio la cascada, en 1935. El agua se transforma en una bruma blanca antes de llegar al fondo.

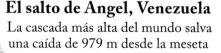

## El casquete polar antártico

Una gran capa de hielo constituye los fríos desiertos de la Antártida. El casquete se formó a partir de nieve helada que se ha acumulado durante decenas de miles de años. El hielo, que cubre casi todo el continente, tiene un espesor de más de 4 500 m en algunos puntos. Sólo las cumbres más altas de los montes Transantárticos sobresalen en el hielo.

*El casquete contiene el 90 por ciento del hielo que hay en la Tierra*

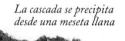

Tundra — NORTEAMÉRICA — Cañón de Bryce — Monument Valley — Trópico de Cáncer — OCÉANO — Salto de Angel — Ecuador — OCÉANO PACÍFICO — SURAMÉRICA — El Pantanal — Trópico de Capricornio

## El macizo de Ahaggar, Argelia

En medio de la desolada llanura desértica del Sáhara se eleva el majestuoso macizo de Ahaggar. El más alto de sus erizados picos tiene unos 3 000 m. Las montañas se componen de rocas ígneas: granitos y lavas, incluyendo fonolitas. Las fonolitas o «piedras sonoras» se llaman así porque, al ser golpeadas con un martillo, emiten notas musicales.

*El Fuji Yama es un lugar de peregrinación. Miles de personas ascienden cada año a la montaña para contemplar el sol naciente.*

*Las fonolitas se enfriaron y agrietaron, originando las formas alargadas y finas que confieren al Ahaggar su aspecto facetado.*

## El Fuji Yama, Japón

El majestuoso volcán Fuji Yama, cubierto de nieve, tiene una altura de 3 776 m. Ha permanecido activo durante miles de años. En su última erupción, producida en 1707, las calles de Tokio, a 100 km de distancia, quedaron cubiertas de cenizas negras. Su nombre procede de *fuchi*, que significa «fuego» en la lengua de los ainus, los primeros pobladores de las islas de Japón.

EUROPA · ASIA · ÁFRICA · Fuji Yama · Macizo de Ahaggar · Guilin · OCÉANO PACÍFICO · ATLÁNTICO · OCÉANO ÍNDICO · Las Olgas · AUSTRALIA · Table Mountain · OCÉANO GLACIAL ANTÁRTICO · Casquete polar antártico

## Las colinas de Guilin, China

Durante cientos de millones de años, la roca caliza de las colinas de Guilin se ha disuelto lentamente con el agua de lluvia, originando un paisaje de torres kársticas. Las llanuras cubiertas de arrozales que se extienden bajo las colinas se asientan sobre densos estratos de arcilla desprendida de las rocas junto con la caliza. Los ríos serpentean en torno a estos extraños y erosionados vestigios rocosos.

## Table Mountain, Suráfrica

Los estratos de arenisca del Table Mountain se depositaron hace 500 millones de años. Con el paso del tiempo, la arena se endureció convirtiéndose en roca y se levantó sin plegarse, de manera que sus estratos mantienen la horizontalidad. La erosión lo ha arrasado todo salvo la peculiar mesa rocosa.

*Table Mountain se eleva 1 087 m sobre Ciudad del Cabo*

*Kata Tjuta, el nombre aborigen de las Olgas, significa «muchas cabezas»*

## Las Olgas, Australia

Como grandes pajares de roca rojiza, las Olgas (o Kata Tjuta) se esparcen por las arenosas llanuras australianas. Éstas se hallan cubiertas de regolitos (mantos de alteración), arena y arcilla desprendidas de las rocas sólidas subyacentes. La erosión no eliminó el regolito, que con el tiempo se hizo más denso y cubrió todo el territorio, salvo los puntos más altos de la roca sólida. Estas montañas aisladas se denominan inselbergs. El Uluru (antes llamado Ayers Rock) constituye otro ejemplo.

# EL AGUA DEL PLANETA

La tierra se halla envuelta en un manto de aguas oceánicas que cubren casi tres cuartas partes de su superficie. El océano más grande, el Pacífico, es también el más antiguo y abarca cerca de un tercio de la superficie total del planeta. En sus bordes se encuentran los puntos más profundos de la superficie terrestre, las fosas oceánicas. La profundidad de algunas de ellas es incluso mayor que la altura de las cercanas montañas emergidas. El fondo oceánico se halla tachonado de volcanes y montañas amesetadas (guyots), y a lo largo de él se extiende la cadena montañosa más larga del mundo. Una fina capa de estratos sedimentarios cubre las profundidades del lecho oceánico. Alrededor de los continentes las aguas son poco profundas; estas porciones de continentes sumergidas son las plataformas continentales.

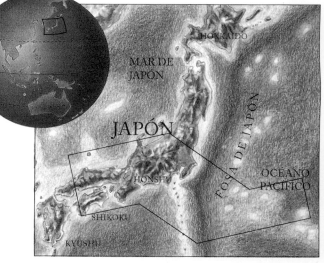

### Las islas del sol naciente

Japón es un archipiélago situado al este de Asia. Su nombre significa «tierra del sol naciente» en japonés. A lo largo de su costa pacífica se extiende una profunda fosa oceánica, y un joven y pequeño mar lo separa de Asia.

### En el borde del continente

El talud continental se extiende desde el borde de la plataforma continental hasta el fondo del océano. Está cubierto de estratos de lodo, arena y sedimentos finos procedentes de la erosión del continente.

### Sedimentos del fondo marino

Gruesas capas de sedimentos se acumulan en el lecho marino poco profundo. Éste, en parte, está compuesto por las conchas de los seres marinos, y en parte por arena y barro del continente.

### Montañas jóvenes

Gran parte del paisaje de Japón está constituido por montañas altas y escarpadas. Las rocas de las montañas jóvenes se erosionan con rapidez, siendo transportados los sedimentos hasta el océano.

*Los sedimentos sueltos resbalan a favor del talud*

## LA FOSA DE JAPÓN

Japón se encuentra sobre una zona de subducción donde la placa del Pacífico se está hundiendo por debajo de las islas. La profunda fosa representada en estas páginas indica el lugar donde el fondo oceánico se sumerge bajo la placa vecina. El choque entre las placas provoca terremotos. A veces, los temblores hacen desprenderse los sedimentos sueltos de los lados de la fosa, que se precipitan a las profundidades marinas.

## BORDES PASIVOS

Las plataformas continentales que rodean la mayor parte de las tierras emergidas del océano Atlántico son anchas y poco profundas. Se conocen como bordes continentales pasivos, pues en ellos no existen zonas de subducción. Desde la última glaciación hay una continua subida del nivel del mar (transgresión marina).

### Cañones marinos

Avalanchas submarinas de sedimentos fangosos excavan cañones de paredes escarpadas en las profundidades de la fosa.

*Corteza oceánica*

GRAN BRETAÑA

CORTEZA CONTINENTAL

EUROPA

*Antigua avalancha de sedimentos procedentes de la costa*

### Fosa oceánica

Las fosas son profundas y estrechas, con paredes escarpadas. Parte de los sedimentos que se acumulan en el fondo son incorporados al interior de la Tierra junto con la placa en subducción.

*Los bordes pasivos no tienen zona de subducción, y en ellos son poco frecuentes los terremotos*

*El talud continental termina en una acumulación de sedimentos conocida como borde continental*

*La plataforma continental forma parte del continente contiguo*

# EL HEMISFERIO TERRESTRE

África, Asia y Europa dominan esta vista del globo, aunque se hallan rodeadas por las aguas de los océanos Atlántico, Índico y Antártico. El Atlántico es un océano joven, dividido en dos partes por una dorsal. Los océanos Atlántico y Antártico han ido aumentando de tamaño a lo largo de los últimos 200 millones de años, a medida que se separaban los continentes. Al mismo tiempo, un antiguo océano que separaba los continentes septentrional y meridional se cerró y formó el mar Mediterráneo.

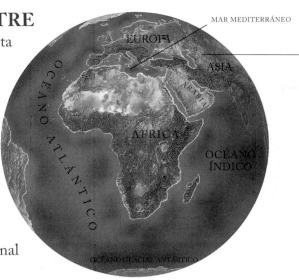

# EL HEMISFERIO OCEÁNICO

El océano Pacífico es tan grande que se extiende por todo un hemisferio. En su anchura máxima ocupa casi la mitad de la circunferencia del globo. En el Pacífico se encuentra el punto más bajo de la Tierra, la fosa de las Marianas, con una profundidad de 10 920 m. Está salpicado de islas, más de 25 000, que en realidad son grandes montañas que se elevan desde el fondo oceánico. Pese a que la subducción se ha tragado la corteza oceánica de sus márgenes durante muchas decenas de millones de años, las dorsales en expansión del sur y el este del Pacífico han ido formando al mismo tiempo la nueva corteza.

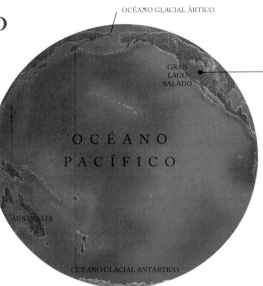

*El mar de Aral es un lago salado y cerrado que se extiende entre Uzbekistán y Kazajstán, en el Asia occidental. La canalización de sus aguas para las tierras de regadío ha reducido su profundidad y ha aumentado el ritmo de evaporación. Estos barcos han quedado encallados en la parte desecada del mar.*

*Imagen de satélite del Gran Lago Salado y del desierto, en Utah (EE UU). Ninguna planta puede crecer en las vastas llanuras saladas que se extienden al Norte del lago. Los dos colores que se ven en el lago se deben a que se halla dividido por un dique rocoso. Un río desemboca en la parte izquierda, pero el agua dulce no puede fluir hacia la parte derecha, más salada.*

## Volcanes submarinos

El fondo oceánico se halla salpicado de volcanes. Algunos están activos y son tan grandes que emergen formando islas.

## Guyots

Un guyot es una montaña submarina con la cima aplanada. En algún momento, los guyots fueron islas, pero el azote continuo de las olas allanó sus cumbres. Al hundirse el fondo marino, quedaron sumergidos.

## La edad del fondo marino

El fondo oceánico que se hunde hoy bajo Japón tiene una edad de 200 millones de años. Antiguamente formó parte de la Pantalasa, un enorme océano cuyo tamaño casi duplicaba al del Pacífico y que rodeaba a la Pangea.

## Profundidad oceánica

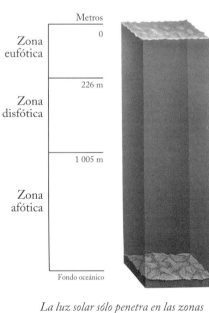

*La luz solar sólo penetra en las zonas eufótica y disfótica. El agua rica en oxígeno permite una amplia variedad de formas de vida. La zona afótica es totalmente oscura, sus aguas son frías y la presión es enorme, de modo que apenas pueden sobrevivir algunos seres.*

## Inclinación hacia la fosa

Los guyots, con sus cimas aplanadas, se inclinan al ser arrastrados hacia la fosa por la subducción del fondo oceánico.

## Sedimentos

Una fina capa de sedimentos constituye la superficie del fondo oceánico.

## El lugar final de reposo

En los profundos sedimentos marinos se encuentran enterrados huesos de oído de ballena, esqueletos de criaturas microscópicas e incluso fragmentos de meteoritos procedentes del espacio.

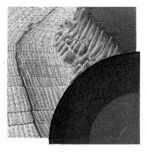

# EL FONDO OCEÁNICO

EL FONDO OCEÁNICO se halla atravesado por las elevaciones topográficas más largas de la Tierra. Se trata de las dorsales, donde el magma aflora formando la nueva corteza oceánica. Todo el fondo oceánico se ha formado en las dorsales a lo largo de los últimos 200 millones de años. No se ha conservado la corteza oceánica antigua, debido a que se ha destruido en las zonas de subducción. La nueva corteza se crea en las dorsales. Cuando la corteza se abre, bajo las grietas se forman grandes valles denominados rifts. Al separarse los continentes a ambos lados de estos valles, se ensancha continuamente el espacio para la corteza. Las fumarolas negras son chimeneas elevadas por las que sale un humo denso y oscuro en algunas zonas de la dorsal.

## CORDILLERAS Y RIFTS

En estas páginas se representa una sección de la enorme cadena submarina que se extiende a lo largo del océano Atlántico. Es la dorsal medio-atlántica. Sus grandes picos se elevan a 2 000 o 3 000 m por encima del fondo oceánico. En el rift del centro de la cordillera es donde se está expandiendo el suelo marino. Varias fumarolas negras se esparcen por el centro del valle. Una sección de éste se ha separado y ampliado en el dibujo para mostrar su estructura.

### Fallas

A medida que se expande el fondo oceánico se van abriendo grietas a lo largo de líneas (fallas) más o menos paralelas al rift. Las abruptas paredes que bordean las líneas de falla se van haciendo más suaves con la caída paulatina de bloques rocosos hacia el fondo.

*Cada sección del fondo oceánico se fractura a lo largo de una falla inclinada, de manera que sus estratos quedan también inclinados*

*La nube de agua parece negra por los minerales que contiene*

*Una fumarola negra se va formando a medida que el chorro de agua hirviente sale de la grieta y entra en contacto con el agua fría del fondo marino*

*Las chimeneas son frágiles y se derrumban de cuando en cuando, dejando acumulaciones de fragmentos en torno a las fumarolas*

### Lava almohadillada

El magma aflora desde el manto, se convierte en lava basáltica, una roca oscura y rica en hierro y magnesio. Cuando la lava caliente se enfría al contacto con el agua marina, se individualizan formas redondeadas que caen por las pendientes.

### Diques

Bajo la lava almohadillada se extiende un estrato formado por diques verticales en los que el magma cristalizó al ascender por la grieta del rift.

## FUMAROLAS NEGRAS

Estas elevadas chimeneas están formadas por depósitos minerales. El «humo» negro que expulsan se compone de diminutas partículas de sulfuros metálicos. Originariamente, estos sulfuros se encontraban en las rocas nuevas del fondo oceánico, pero el agua marina los disuelve al filtrarse por las grietas de la roca en proceso de enfriamiento. El magma caliente que se encuentra por debajo de la parte central del rift causa la ebullición del agua, que, al ascender burbujeando entre las grietas, deposita los sulfuros y otros minerales, construyendo chimeneas de hasta 10 m de altura.

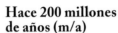

## Misterios de las profundidades

Hace cien años las desconocidas aguas profundas del océano constituían un gran misterio. No se habían inventado instrumentos ni medios adecuados para estudiar el fondo marino, y mucha gente creía en leyendas sobre fantásticas ciudades submarinas o temibles monstruos acuáticos que merodeaban por las heladas profundidades. En aquellos tiempos el océano inspiraba las novelas de ciencia-ficción, como *Veinte mil leguas de viaje submarino* (izquierda), de Julio Verne, del mismo modo que el espacio y los planetas constituyen hoy el escenario de los relatos fantásticos.

## Fallas transformantes

Las dorsales presentan secciones cortas a lo largo de los océanos. Cada pocas decenas de kilómetros la parte activa de la cadena se traslada lateralmente como consecuencia de unas fracturas denominadas fallas de transformación, que desgarran y favorecen el desplazamiento de la dorsal.

*Las fracturas se extienden más allá de la dorsal*

## Acumulaciones de lava almohadillada

Pese a que la parte exterior de la lava almohadillada se enfría rápidamente formando una cubierta oscura, el magma incandescente continúa fluyendo al interior y puede aflorar creando nuevas formas almohadilladas que se amontonan para constituir la parte superior de la corteza oceánica.

## Levantamiento de la corteza

Las grietas crecen a medida que el magma empuja hacia arriba la corteza continental, expandiéndola y levantándola.

## Formación del rift

El continente comienza a dividirse y su bloque central se hunde formando un rift. El magma asciende y rellena las grietas.

## Del valle al mar

Nuevas grietas bordean el rift en expansión a medida que sus paredes se van separando. El agua del mar penetra en la profunda cuenca.

*El agua caliente que sale en chorro por la fumarola negra alcanza una temperatura de 300 °C. Esta agua, rica en azufre, es nociva para la mayor parte de los animales, pero nutre a las bacterias que sirven de alimento a las extrañas criaturas que viven aquí.*

## LA DORSAL MEDIO ATLÁNTICA

Hace 200 millones de años no había océano alguno que separara Europa y África de América. Un abombamiento agrietó la litosfera y facilitó la salida de magma, que fue solidificándose a medida que ascendía a la superficie. Así se iba creando una nueva corteza oceánica que dio lugar al fondo del océano Atlántico. Al establecer la edad de las rocas del fondo oceánico, los científicos saben que la corteza más antigua se encuentra cerca de los continentes, y que la más reciente, más cerca de la dorsal, mantiene su actividad. El mapa que aparece bajo estas líneas muestra la edad de la corteza en cada una de sus secciones.

### Las montañas más largas de la Tierra

La dorsal medio-atlántica se extiende a lo largo de 11 300 km desde Islandia, al norte, hasta el borde del océano Glacial Antártico, al sur.

### Hace 200 millones de años (m/a)

La corteza oceánica más antigua está más cerca del continente.

### Hace 65-140 m/a

La corteza oceánica de este lugar se formó en la era de los dinosaurios.

### 20-65 m/a

Los Pirineos y el Himalaya se levantaron a la vez que se formó esta corteza.

### 2-20 m/a

El Himalaya alcanzó una mayor altura cuando se formó esta corteza.

### 0-2 m/a

La corteza más joven se halla cerca de la cordillera.

NORTEAMÉRICA
EUROPA
ÁFRICA
SURAMÉRICA

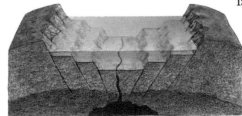

## EL NACIMIENTO DEL MAR ROJO

El mar Rojo, al este de África, se formó del mismo modo que el océano Atlántico, a partir de la expansión de una dorsal. Actualmente sólo tiene 300 km de ancho, pero dentro de millones de años podrá competir en tamaño con el Atlántico. El mar Rojo surgió hace 20 millones de años, cuando Arabia comenzó a separarse de África. En primer lugar, a medida que ascendía el magma desde las profundidades terrestres se esparció una gran masa de lava basáltica por los territorios próximos a las grietas de la corteza. Después, las erupciones de basalto se concentraron en la parte central del rift. Este basalto se convirtió finalmente en el nuevo fondo oceánico al inundarse el valle. El mar Rojo continuará expandiéndose mientras Arabia siga separándose de África.

# LA VIDA DE UN RÍO

UN MINÚSCULO TORRENTE DE AGUA en las altas montañas termina convirtiéndose en un enorme y tranquilo río que fluye hacia el mar, pero antes tiene que pasar por varias fases y atravesar muchos paisajes. Los arroyos y ríos se alimentan del agua que fluye por la superficie del suelo y también del agua subterránea que surge de las rocas. En los grandes continentes, los ríos suelen nacer en montañas próximas a la costa. Algunos recorren grandes distancias a través de antiguos cauces hasta alcanzar una costa muy lejana; otros toman sus aguas de lagos o mares interiores. El río que se muestra en estas páginas es el Nilo, el más largo del mundo.

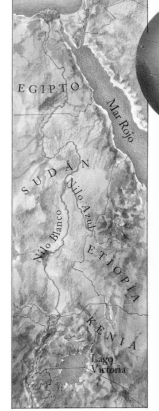

### El curso del Nilo

El río Nilo recorre 6 670 km en dirección norte a través del desierto del Sáhara y desemboca en el mar Mediterráneo. El mar Rojo está más cerca de su curso inicial, pero un accidente topográfico más joven que el cauce fluvial impide esa salida.

## EL NACIMIENTO DE UN RÍO

En las regiones montañosas donde hay abundancia de lluvias y nieve en proceso de deshielo, los ríos son turbulentos. Numerosos arroyos fluyen sobre terrenos rocosos y escarpados, excavando sus cauces y formando valles en «V» cada vez más inclinados y profundos. Algunas cordilleras siguen elevándose en la actualidad, empujadas por las fuerzas internas de la Tierra. En estas montañas los valles fluviales mantienen una fuerte pendiente y presentan muchas cascadas. La elevación de las montañas garantiza la presencia de lluvias y nevadas procedentes de la condensación rápida de las nubes y, por consiguiente, el flujo constante de los ríos.

### El lago Victoria

La fuente del Nilo en su valle superior es el lago Victoria, que se extiende sobre una meseta levantada en tiempos recientes.

### Las cataratas de Kabalega

El río se precipita desde 39 m de altura en estas cataratas de caída vertical que se hallan rodeadas por las estribaciones de los montes de Uganda.

### Rápidos

El lecho fluvial, rocoso y duro, origina una serie de rápidos en los que el agua fluye de manera turbulenta, arremolinándose al pasar entre las rocas. Son más frecuentes en las proximidades de las cataratas.

### Zonas pantanosas

El Nilo avanza perezosamente a través de los cañaverales pantanosos de la región de Sudd. Antiguamente había un lago en este lugar.

### Confluencia

Los dos brazos principales del río, el Nilo Blanco y el Nilo Azul, confluyen cerca de la ciudad de Jartum, en Sudán.

*Poza profunda en la base de las cataratas*

## EL CAMINO HACIA EL MAR

La parte más abrupta del curso fluvial suele estar cerca de sus fuentes, en las montañas. Al acercarse al mar, la corriente va fluyendo en una línea cada vez más horizontal. No obstante, en el recorrido pueden producirse numerosas interrupciones en este cambio gradual de inclinación. Puede tratarse de zonas encharcadas, en donde el río va depositando cantos rodados, arena y lodo. Las cataratas se forman allí donde el río fluye sobre franjas sucesivas de rocas duras y blandas.

### Antiguos valles fluviales

Durante las glaciaciones, el clima de esta zona era más húmedo. Los ríos procedentes de las montañas próximas al mar Rojo fluían hacia el Nilo. En la actualidad, estos valles secos se denominan uadis.

### Los afluentes

El Nilo Azul aporta el agua procedente de los montes de Etiopía, donde descargan intensas lluvias estacionales. Las aguas del Nilo Blanco vienen del este de África. Los ríos menores que se unen a la corriente principal se llaman afluentes.

*Estos meandros del río Darling excavan su curso a través del terreno rocoso próximo a Pooncarie, en Nueva Gales del Sur, Australia.*

# LOS MEANDROS

Cuando un curso fluvial recorre un territorio llano, su cauce avanza trazando grandes curvas llamadas meandros. Estas curvas se van haciendo cada vez más grandes y abiertas, debido a que el agua fluye más deprisa en la parte exterior del meandro y erosiona la orilla. En el interior de la curva el agua fluye más despacio, y es ahí donde deposita su carga sedimentaria, formando barras de arena.

Durante una crecida, el río puede pasar por encima de la estrecha franja de tierra que separa un meandro de otro, de manera que el curso se hace recto. Donde antes estuvo el meandro queda un lago en forma de herradura (meandro abandonado).

# EL GRAN CAÑÓN DEL NILO

El perfil total de un curso fluvial está relacionado con el nivel del mar en cada momento. Hace 5 millones de años el Mediterráneo se había secado completamente, de manera que el nivel del mar, para los ríos de su cuenca, era 2 000 m más bajo que en la actualidad. En esa época el Nilo excavaba su cauce en relación con ese nivel más bajo. La arena y la grava transportadas por el río erosionaban los estratos rocosos formando un cañón de paredes escarpadas.

Este cañón que pudo haber sido similar al Gran Cañón (EE UU), avanzaba más de 1 000 km hasta Asuán. Con el tiempo, el nivel marino volvió a elevarse, el río perdió energía y depositó su carga sedimentaria, rellenando el cañón.

### Hace 5 millones de años

El Mediterráneo se secó y el nivel del mar era más bajo. El Nilo excavó un profundo cañón para adaptarse a ese nuevo nivel.

### En la actualidad

Posteriormente, cuando volvió a elevarse el nivel del mar, el cañón se rellenó paulatinamente de gravas, arena y lodo procedentes del curso alto del río.

# LOS DELTAS

Durante las crecidas, los ríos transportan grandes cantidades de gravas, arena y lodo. Cuando la corriente fluvial alcanza las aguas de un mar sin fuertes mareas y oleaje que transporten los sedimentos, éstos se depositan en capas. Para que estos estratos adquieran un gran espesor es necesario que la región se esté hundiendo, pues en otro caso se esparcen por el mar. Así, el río suele construir una zona triangular formada por tierras nuevas y pantanosas por donde fluyen pequeños canales de agua. Son los deltas (de la letra griega delta, Δ, que tiene forma de triángulo) en el Nilo.

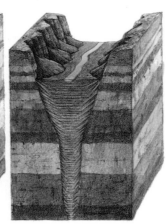

*Imagen de satélite del delta del río Mississippi, en Louisiana (EE UU); puede apreciarse su forma de pata de pájaro.*

**Cataratas**

Cuando el río pasa sobre rocas duras de granito se forman rápidos por donde se precipitan las aguas, blancas y espumosas. En el Nilo se suceden seis cataratas; la primera, en Asuán, fue la primera que encontraron los exploradores del río.

**El desierto del Sáhara**

El Nilo recorre 2 375 km a lo largo del desierto del Sáhara en su viaje hacia el Mediterráneo. En este desierto llueve muy poco, de manera que en esta parte del curso no hay afluente alguno. En la actualidad, las únicas aguas que recibe proceden de las lejanas montañas del curso alto.

**Crecidas**

En la amplia y baja llanura, las crecidas del Nilo se extienden inundándolo todo y creando una franja de tierra verde y fértil en medio del desierto pardusco.

**El delta del Nilo**

El Nilo se divide en numerosos canales de curso lento que zigzaguean por el creciente abanico de la región del delta, en Egipto.

**Lecho rugoso**

Sección de una zona de cataratas. La superficie rugosa del lecho rocoso del río en un tramo de rápidos hace que durante la crecida anual las aguas se vuelvan blancas y espumosas.

**Nuevas tierras**

En el delta se forman nuevas tierras como consecuencia de los fragmentos rocosos y el lodo que el río ha transportado desde su curso alto. Son tierras pantanosas que se van desecando.

# LAS COSTAS

ALLÍ DONDE SE ENCUENTRAN la tierra y el mar, la batalla entre el martilleante oleaje y la sólida roca crea las costas terrestres, en continuo cambio. El agua de los mares y océanos se mueve constantemente, impulsada por la energía de las olas y las mareas. La erosión litoral se produce por el golpe de ariete de las olas y los materiales que acarrean sobre las rocas de la costa. Las bahías, por ejemplo, se han excavado en los puntos donde más débil es la roca costera. Las olas socavan incluso las rocas duras de los acantilados. A veces, cuando la erosión ha destruido su base, estos acantilados se desploman en avalanchas. El mar no sólo destruye, también construye. Los fragmentos de roca erosionada son seleccionados por el oleaje; los más pequeños son transportados mar adentro, mientras los grandes se depositan formando las playas. La arena y los guijarros pueden añadir también lenguas de tierra al litoral. Estas ilustraciones muestran el modo en que el mar va remodelando la costa en Dorset, Inglaterra.

## El litoral de Dorset, Inglaterra

Dorset es un condado del suroeste de Inglaterra. Su litoral se extiende a lo largo del canal de la Mancha, que separa Gran Bretaña de Francia. La zona de Dorset que se representa en estas páginas es conocida como isla de Purbeck.

### Paredes rocosas

Algunas costas están bordeadas por paredes de roca dura, formadas por granito o caliza. Estas costas son lo suficientemente fuertes como para resistir el oleaje y frenar el ritmo de erosión.

### Barra litoral y tómbolo

Un largo cordón de arena o guijarros que se extiende desde la costa hacia el mar se denomina barra litoral. La arena es arrastrada por las corrientes de agua y se va depositando. Un tómbolo es una lengua de arena que une un islote rocoso a la costa.

*Las rocas arcillosas, más blandas, se encuentran tras la pared*

*Una franja dura de caliza forma una pared vertical*

### Agujero en el tejado

El oleaje puede colarse por las grietas de la roca, expulsando el aire de manera que el agua salga en chorro con cada ola.

### Rocas costeras

La roca de base explica por qué la costa es irregular. Donde la roca es más resistente aparecen cabos y predomina la erosión, mientras que en las bahías, modeladas en la roca más blanda, predomina la sedimentación.

### Terrazas estratificadas

Estratos sucesivos de piedra caliza dura y de arcilla blanda forman una serie de terrazas que descienden hacia el mar.

*El mar encuentra un punto débil en la pared y comienza a socavarla*

*Las rocas blandas se erosionan con facilidad y se desgastan formando una ensenada*

*Punto débil secundario*

*Las olas se arremolinan en la ensenada y erosionan sus bordes*

*La roca erosionada se deposita en la ensenada y forma una playa*

## DENTELLADAS EN LA TIERRA

Cada ola supone una dentellada que erosiona la tierra. Cuando las olas han abierto una brecha en la dura pared rocosa, las rocas más blandas que estaban detrás se erosionan con facilidad. Primero aparece una pequeña ensenada donde el mar se arremolina al subir la marea. Las olas desgastan los bordes de la ensenada, ensanchándola hasta que se forma una bahía.

*Dos ensenadas pueden abrirse y formar una bahía*

## LA COSTA DE DORSET

El litoral de Dorset se compone de estratos sucesivos de rocas blandas y duras que se han plegado ligeramente. El pliegue ha fracturado algunas de las rocas duras, lo que facilita su erosión por las olas que golpean la costa. Otros estratos de roca dura constituyen acantilados capaces de resistir el oleaje. Las rocas blandas dan lugar a un terreno bajo donde el mar penetra con facilidad. Las playas de Dorset se componen de guijarros duros. Al romper las olas sobre este terreno pedregoso, su energía queda absorbida por el rodamiento de los guijarros. De este modo, las piedras protegen el acantilado y el paisaje.

## DERIVA LITORAL

Al romper, cada ola forma un ángulo en relación con la orilla y levanta los guijarros y partículas de arena empujándolos lateralmente hacia la playa. Después, la gravedad provoca un movimiento de resaca hacia el mar. El resultado es que los guijarros se van moviendo en zigzag en lo que se conoce como corrientes de deriva. Para evitar que los guijarros lleguen a los puertos y colmen el fondo se construyen unas barreras llamadas espigones.

*Flecha litoral construida por los guijarros transportados por la corriente*

*Las olas empujan hacia la orilla guijarros y arena formando un ángulo*

*Las barreras impiden que los guijarros vayan más lejos y se pierdan*

*La gravedad hace que el agua vuelva a bajar paralelamente a la orilla, moviendo los guijarros a lo largo de la playa*

## NIVELES CAMBIANTES

El nivel del mar cambia continuamente. Durante las glaciaciones experimentó importantes variaciones, alcanzando diferencias de 200 m en periodos de miles de años. En las fases de frío, el nivel desciende debido a que el agua de los océanos se almacena en los casquetes polares. Cuando una de esas fases termina, los casquetes se funden y el agua vuelve a los océanos, haciendo subir el nivel del mar.

*El estuario de Dart (derecha), en Devon, Inglaterra, es en forma de ría.*

### Un río desagua en el mar

Los ríos erosionan sus valles al descender hacia el mar. El lecho fluvial suele tener una pendiente muy suave en la desembocadura o estuario, donde el río se encuentra con el mar.

### El mar inunda el río

Si el nivel del mar se eleva, los estuarios se inundan con el agua marina formando rías, las cuales constituyen excelentes puertos naturales para los barcos.

### Un entrante en la tierra

Una bahía es un entrante curvado en la tierra. Las olas que penetran en ella suelen ser suaves, debido a que los cabos de ambos extremos contienen la energía del oleaje.

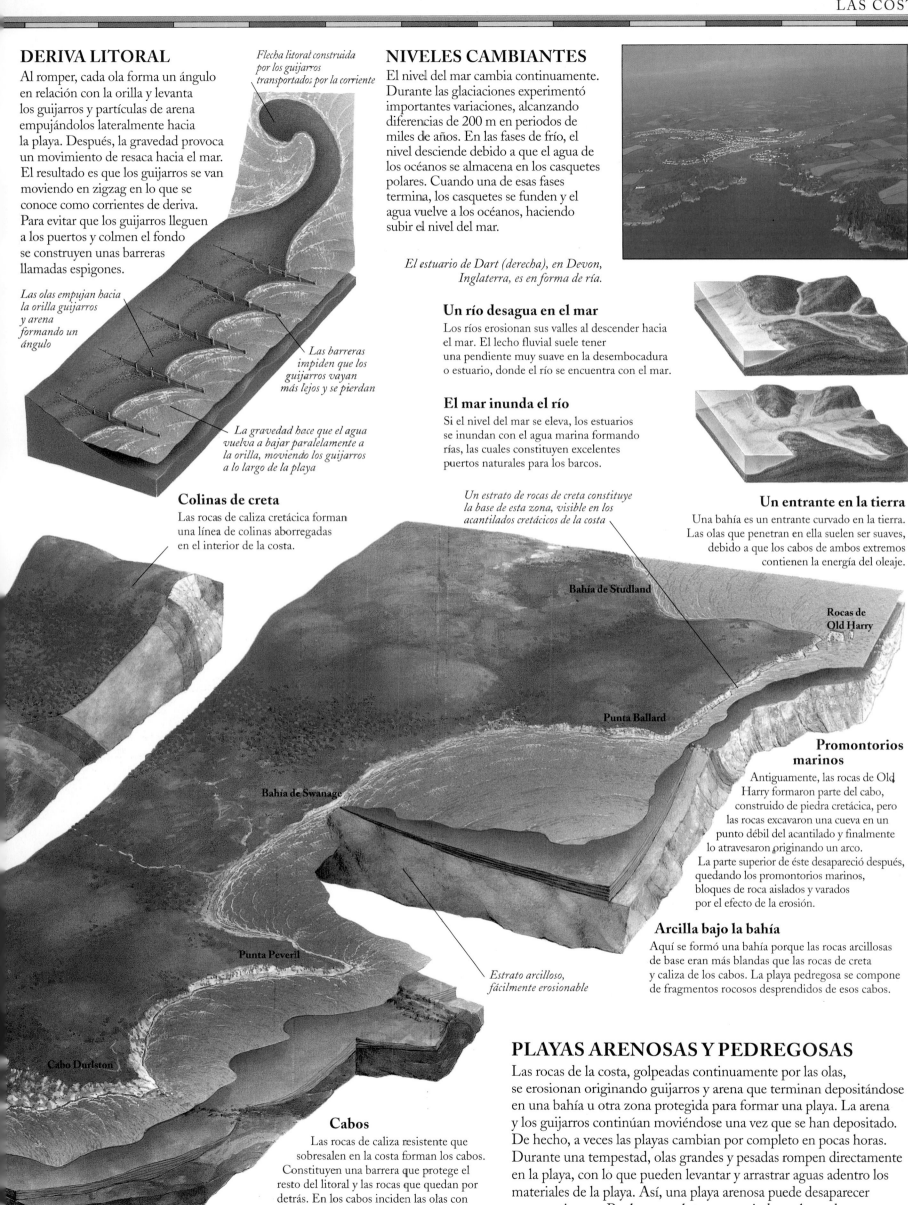

### Colinas de creta

Las rocas de caliza cretácica forman una línea de colinas aborregadas en el interior de la costa.

*Un estrato de rocas de creta constituye la base de esta zona, visible en los acantilados cretácicos de la costa*

**Bahía de Studland**

**Rocas de Old Harry**

**Punta Ballard**

**Bahía de Swanage**

**Punta Peveril**

**Cabo Durlston**

*Estrato arcilloso, fácilmente erosionable*

### Promontorios marinos

Antiguamente, las rocas de Old Harry formaron parte del cabo, construido de piedra cretácica, pero las rocas excavaron una cueva en un punto débil del acantilado y finalmente lo atravesaron originando un arco. La parte superior de éste desapareció después, quedando los promontorios marinos, bloques de roca aislados y varados por el efecto de la erosión.

### Arcilla bajo la bahía

Aquí se formó una bahía porque las rocas arcillosas de base eran más blandas que las rocas de creta y caliza de los cabos. La playa pedregosa se compone de fragmentos rocosos desprendidos de esos cabos.

### Cabos

Las rocas de caliza resistente que sobresalen en la costa forman los cabos. Constituyen una barrera que protege el resto del litoral y las rocas que quedan por detrás. En los cabos inciden las olas con mayor energía, lo que hace que el agua se llene de espuma en los rompientes.

## PLAYAS ARENOSAS Y PEDREGOSAS

Las rocas de la costa, golpeadas continuamente por las olas, se erosionan originando guijarros y arena que terminan depositándose en una bahía u otra zona protegida para formar una playa. La arena y los guijarros continúan moviéndose una vez que se han depositado. De hecho, a veces las playas cambian por completo en pocas horas. Durante una tempestad, olas grandes y pesadas rompen directamente en la playa, con lo que pueden levantar y arrastrar aguas adentro los materiales de la playa. Así, una playa arenosa puede desaparecer en poco tiempo. Por lo general, tras un periodo prolongado de meteorología más favorable, la playa vuelve a formarse.

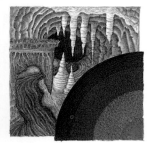

# AGUAS SUBTERRÁNEAS

CRUZANDO ANGOSTOS ESPACIOS el agua serpentea lenta y silenciosamente a través de las rocas. A distintas profundidades, el agua se encuentra en todas partes por debajo de la superficie terrestre. En su mayor parte se trata de agua procedente de la lluvia que, al penetrar en el suelo, no es inmediatamente absorbida por las raíces de las plantas. Parte del agua de lluvia atraviesa las rocas subterráneas rápidamente y vuelve a salir horas, días o semanas después por una fuente que fluye hacia un río. A veces, el agua permanece bajo la tierra durante miles de años, bien sea porque recorre un largo camino o porque avanza muy lentamente. En ese tiempo, el agua arranca y disuelve los minerales de las rocas y puede, de este modo, ensanchar las grietas hasta formar una enorme cueva. Los ríos subterráneos recorren varias cuevas, desgastando cada vez más sus paredes. En esta doble página se representan varias secciones de la espectacular Gouffre Berger, en Francia.

*Sección de Gouffre Berger. Partes de la cueva se han separado del dibujo y aparecen aumentadas abajo.*

## UN LABERINTO SUBTERRÁNEO

Gouffre Berger (*gouffre* significa «sima» en francés) es un largo laberinto subterráneo de pasadizos y cámaras. Probablemente su antigüedad es de diez millones de años. La entrada es un agujero abierto en una elevada meseta de roca calcárea. En la actualidad un río fluye por algunas partes de la cueva, mientras que otros se han secado. Las secciones aquí representadas muestran extrañas formaciones rocosas modeladas por el goteo del agua en el interior de la caverna.

Tras recorrer 22 km y descender 1 200 m, la corriente sale a la luz y vierte sus aguas al río Furon.

*Las estalactitas presentan un tono anaranjado-marrón debido al barro rico en hierro que las envuelve*

*Estalactitas y estalagmitas pueden crecer al mismo tiempo para formar una columna*

## LOS CANALES

## EL VESTÍBULO DE LOS TRECE

### Gouffre Berger, Francia

Gouffre Berger se encuentra cerca de la ciudad de Grenoble, bajo las montañas de Vercors. El paisaje calcáreo de esta región está agujereado, con cuevas y corrientes subterráneas.

### El río sale a la luz

Durante su recorrido por la fría y oscura caverna, el río arrastra y disuelve la cal y otros minerales. Al brotar en la fuente esta agua calcárea, las plantas absorben $CO_2$, lo que provoca que la caliza precipite en forma de depósitos de toba calcárea.

*Las acumulaciones de minerales forman cubetas*

*Las estalagmitas crecen desde el suelo*

### Cubetas de piedra

Estas formaciones escalonadas se crean por la acumulación de minerales en el borde de una pendiente. A veces los minerales quedan frenados en el descenso del agua y forman un dique que constituye una cubeta. Desde ésta, el agua rebosa para formar un nuevo peldaño.

### La gran caverna

La cueva más grande que se ha explorado hasta ahora en el mundo es la Cámara de Sarawak, en Borneo, cuyas dimensiones son impresionantes: 700 m de largo, 430 de ancho y 120 de alto.

*Las paredes de la cueva son perforadas por el agua, que disuelve la roca caliza*

*Río subterráneo*

### Un río sumergido

En ciertas partes de Gouffre Berger hay aguas que fluyen a través de corredores que ellas mismas forman. El nivel del agua en los lagos y las corrientes de las cuevas varía rápidamente. En cuanto llueve en el exterior, las cuevas se inundan de inmediato, mientras que en épocas de sequía el nivel se reduce de forma drástica.

*Acumulaciones de toba calcárea, un tipo de caliza con gran porosidad*

*El agua surge de la roca caliza en una fuente que origina un cauce fluvial*

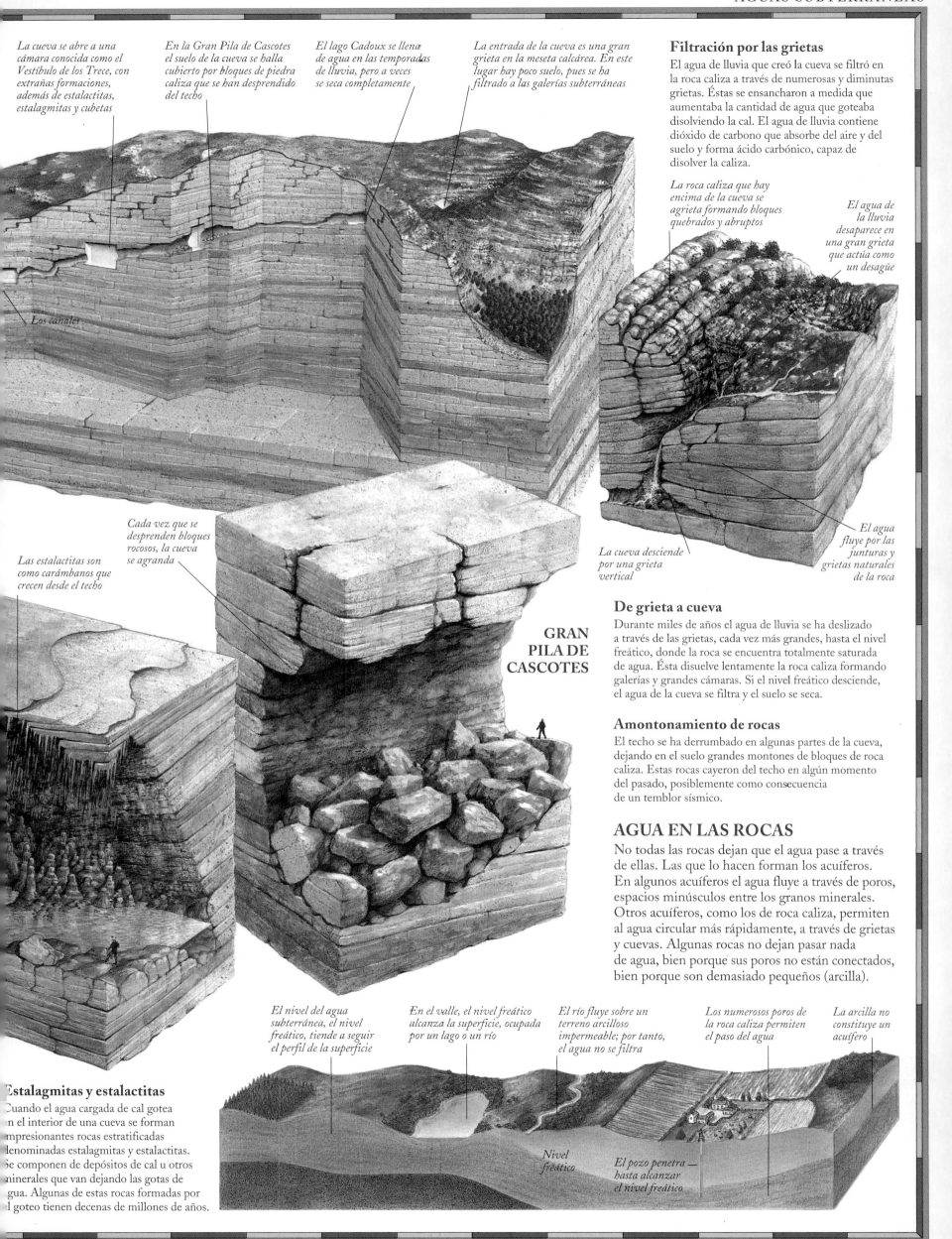

La cueva se abre a una cámara conocida como el Vestíbulo de los Trece, con extrañas formaciones, además de estalactitas, estalagmitas y cubetas

En la Gran Pila de Cascotes el suelo de la cueva se halla cubierto por bloques de piedra caliza que se han desprendido del techo

El lago Cadoux se llena de agua en las temporadas de lluvia, pero a veces se seca completamente

La entrada de la cueva es una gran grieta en la meseta calcárea. En este lugar hay poco suelo, pues se ha filtrado a las galerías subterráneas

### Filtración por las grietas

El agua de lluvia que creó la cueva se filtró en la roca caliza a través de numerosas y diminutas grietas. Éstas se ensancharon a medida que aumentaba la cantidad de agua que goteaba disolviendo la cal. El agua de lluvia contiene dióxido de carbono que absorbe del aire y del suelo y forma ácido carbónico, capaz de disolver la caliza.

La roca caliza que hay encima de la cueva se agrieta formando bloques quebrados y abruptos

El agua de la lluvia desaparece en una gran grieta que actúa como un desagüe

Los canales

Cada vez que se desprenden bloques rocosos, la cueva se agranda

La cueva desciende por una grieta vertical

El agua fluye por las junturas y grietas naturales de la roca

Las estalactitas son como carámbanos que crecen desde el techo

**GRAN PILA DE CASCOTES**

### De grieta a cueva

Durante miles de años el agua de lluvia se ha deslizado a través de las grietas, cada vez más grandes, hasta el nivel freático, donde la roca se encuentra totalmente saturada de agua. Ésta disuelve lentamente la roca caliza formando galerías y grandes cámaras. Si el nivel freático desciende, el agua de la cueva se filtra y el suelo se seca.

### Amontonamiento de rocas

El techo se ha derrumbado en algunas partes de la cueva, dejando en el suelo grandes montones de bloques de roca caliza. Estas rocas cayeron del techo en algún momento del pasado, posiblemente como consecuencia de un temblor sísmico.

## AGUA EN LAS ROCAS

No todas las rocas dejan que el agua pase a través de ellas. Las que lo hacen forman los acuíferos. En algunos acuíferos el agua fluye a través de poros, espacios minúsculos entre los granos minerales. Otros acuíferos, como los de roca caliza, permiten al agua circular más rápidamente, a través de grietas y cuevas. Algunas rocas no dejan pasar nada de agua, bien porque sus poros no están conectados, bien porque son demasiado pequeños (arcilla).

El nivel del agua subterránea, el nivel freático, tiende a seguir el perfil de la superficie

En el valle, el nivel freático alcanza la superficie, ocupada por un lago o un río

El río fluye sobre un terreno arcilloso impermeable; por tanto, el agua no se filtra

Los numerosos poros de la roca caliza permiten el paso del agua

La arcilla no constituye un acuífero

### Estalagmitas y estalactitas

Cuando el agua cargada de cal gotea en el interior de una cueva se forman impresionantes rocas estratificadas denominadas estalagmitas y estalactitas. Se componen de depósitos de cal u otros minerales que van dejando las gotas de agua. Algunas de estas rocas formadas por el goteo tienen decenas de millones de años.

Nivel freático

El pozo penetra hasta alcanzar el nivel freático

# LAS REGIONES HELADAS

EN LOS EXTREMOS DE LA TIERRA se encuentran los casquetes polares, coronando el continente helado de la Antártida y el océano Glacial Ártico. Los casquetes polares contienen una gran cantidad de agua: cien veces más de la que hay en el conjunto de los lagos de agua dulce del mundo. El agua que forma ese hielo procede de los océanos. El agua oceánica se evapora continuamente con la circulación de aire caliente. De este modo se forman nubes, que descargan después su humedad en forma de nieve sobre las regiones frías o montañosas. Esa nieve se va compactando con el paso del tiempo y se transforma en hielo. Para que los glaciares y los casquetes polares puedan aumentar es necesario que el ritmo de la precipitación de nieve sea mayor que el de su fusión, de manera que la nieve se mantenga al finalizar el verano. Durante las grandes glaciaciones del Pleistoceno, en los dos últimos millones de años, gran parte de Norteamérica y todo el mar Báltico estuvieron cubiertos por el casquete polar. A veces, cuando los hielos eran muy extensos, el nivel de base del mar bajaba mucho.

*Grandes olas han erosionado este iceberg, formando pináculos. Los icebergs no se componen de agua marina helada. Se desprenden del extremo de una banquisa o de un glaciar, de modo que lo que los constituye es agua dulce congelada.*

## EL CONTINENTE HELADO

Una gran capa de hielo cubre la mayor parte del continente antártico. Se ha ido acumulando durante decenas de miles de años, y en la actualidad alcanza un espesor de más de 4 500 m. El hielo se mueve lentamente a favor de la pendiente y hacia el exterior del continente, en dirección a los fríos mares circundantes. En la costa, la capa de hielo es más delgada, y sobre ella emergen las cumbres de las montañas. El casquete se extiende más allá de la masa continental y flota sobre el mar. En el borde de éste, grandes bloques de hielo se desprenden y flotan a la deriva como icebergs *(berg* es una palabra alemana que significa «montaña»). En estas páginas se representan tres secciones de la Antártida.

### Montañas flotantes de hielo

Sólo una pequeña porción del iceberg emerge sobre el mar. La mayor parte de su masa se encuentra bajo las aguas. El hielo contiene guijarros arrancados de la Antártida por el movimiento del casquete hacia la costa. Al desprenderse del casquete polar, los grandes icebergs originan enormes olas.

### Hielo flotante

El borde del hielo antártico se extiende sobre el mar como una repisa de hielo. Flota porque es menos denso que el agua oceánica, la cual contiene sal y está muy fría.

*Los glaciares avanzan en zigzag entre las cimas de los nunataks*

*Meteoritos que cayeron hace miles de años y se hundieron, aparecen ahora en el hielo*

*Las montañas que sobresalen sobre el casquete polar se denominan nunataks*

### Depósitos en el fondo marino

Como consecuencia de la fusión de los icebergs, el fondo marino se halla cubierto de estratos de arcilla y grava arenosa sobre los que se esparcen cantos angulosos.

## LA TIERRA HELADA DE LA ANTÁRTIDA

Este vasto continente tiene un tamaño equivalente a una vez y media la superficie de los Estados Unidos. Los hielos cubren el noventa y cinco por ciento del territorio. Aunque se cree que ha estado cerca del polo Sur durante los últimos 200 millones de años, la Antártida no siempre ha sido una tierra helada. Hace unos 35 millones de años se separó completamente de los demás continentes al fragmentarse la Pangea. Quizá fuera entonces cuando el clima comenzó a cambiar. Las corrientes frías del océano Glacial Antártico empezaron a circular alrededor del continente, quedando éste así aislado de la influencia cálida de las corrientes oceánicas tropicales. Este hecho pudo ser suficiente para desencadenar las fuertes nevadas que propiciaron el crecimiento del casquete polar.

*Parte del hielo se ha borrado del dibujo para mostrar el relieve terrestre*

SURAMÉRICA

Península Antártica

Banquisa de Ronne

Montes Transantárticos

Polo Sur

ANTÁRTIDA MAYOR

ANTÁRTIDA OCCIDENTAL

Banquisa de Ross

OCÉANO GLACIAL ANTÁRTICO

*Extensión de la banquisa en invierno*

*Extensión de la banquisa en primavera*

# LAS HELADAS AGUAS DEL ÁRTICO

En el polo Norte no hay continente alguno bajo el hielo. La región comprende el océano Glacial Ártico, las partes septentrionales de Norteamérica, Europa, Asia y Groenlandia y varias islas menores. La superficie del océano se halla cubierta de hielo, formado por agua marina congelada. Una banquisa de hielo, resquebrajada y comprimida por el movimiento del agua, bordea el casquete polar. La extensión de la banquisa varía a lo largo del año, fundiéndose en verano. Los glaciares atraviesan las tierras del Ártico y de las regiones próximas, pero en Siberia, algunas zonas de Alaska y Canadá no cae nieve suficiente para que se formen. El aire invernal es tan frío que el agua del suelo se congela hasta capas profundas, de manera que nunca se derrite del todo. Este suelo helado se denomina permafrost.

*La banquisa flotante bordea el casquete polar*

*En el dibujo se ha borrado una parte del casquete polar para mostrar el fondo marino*

NORTEAMÉRICA — OCÉANO GLACIAL ÁRTICO — Polo Norte — ASIA — GROENLANDIA — Dorsal medio-atlántica — EUROPA — OCÉANO ATLÁNTICO

*Groenlandia tiene un casquete de hielo permanente*

*Límite del permafrost (suelo congelado permanentemente)*

*Límite máximo de la banquisa*

*El glaciar ha erosionado las montañas formando picos llamados horn*

*En el polo Sur el casquete polar tiene un espesor de 2 800 m. El terreno rocoso que se encuentra por debajo está más hundido que el nivel del mar*

### El crecimiento del casquete polar

Al extenderse sobre Escandinavia, el casquete polar se hizo más grueso, con lo cual se elevó la superficie del hielo. Además, el casquete incrementó el peso de la masa terrestre subyacente, que presionó sobre la blanda astenosfera. El hielo incrementó su grosor y su altitud a una velocidad mayor que la del hundimiento de la astenosfera.

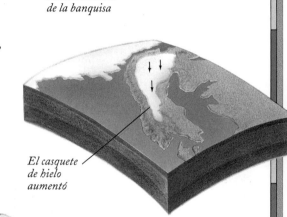

*El casquete de hielo aumentó*

### Presión máxima

Cuando el casquete de hielo alcanzó su máxima extensión, la astenosfera cedió y se desplazó hacia los lados. El nivel de la tierra descendió.

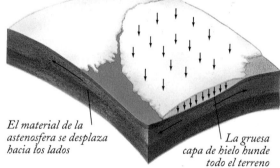

*El material de la astenosfera se desplaza hacia los lados*

*La gruesa capa de hielo hunde todo el terreno*

### Cumbres heladas

En su camino hacia el mar, el casquete polar se desliza entre los picos de las montañas. Vientos helados y secos azotan la elevada y gélida meseta central, silbando entre las cumbres. Debido a su sequedad, estos vientos barren y erosionan las capas superiores del hielo, descubriendo los meteoritos que cayeron hace miles de años.

### Bajo presión

La parte superior del grueso hielo que cubre la Antártida se encuentra a gran altura sobre el nivel del mar. Sin embargo, en el extenso interior del continente, el peso del hielo ha hecho que el territorio rocoso descienda por debajo de ese nivel. Es posible que las capas profundas del hielo sean muy antiguas, originadas por nieve que cayó hace millones de años. Al igual que las rocas recristalizan bajo la presión, la masa helada profunda también recristaliza lentamente bajo el enorme peso.

### El levantamiento del terreno

La astenosfera sigue moviéndose lentamente hacia su antigua posición, mucho después de haberse derretido el casquete glaciar. La placa del mar Báltico podría ascender tanto que el fondo marino emergiera convirtiéndose en tierra firme. Muchas costas muestran signos del gran levantamiento isostático producido en los últimos siglos.

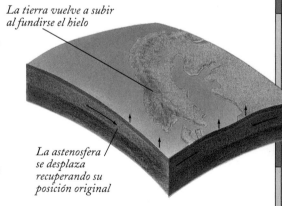

*La tierra vuelve a subir al fundirse el hielo*

*La astenosfera se desplaza recuperando su posición original*

# HUNDIMIENTO POR EL HIELO

Aunque el hielo no es tan denso como las rocas, el peso que ejerce un casquete glaciar sobre la tierra es considerable. Tanto es así que puede alterar el equilibrio de la placa, que flota sobre la viscosa astenosfera. A medida que aumenta su espesor, la astenosfera se desliza hacia los lados y la placa se hunde. Cuando el hielo se funde, la astenosfera vuelve lentamente a su posición original y la placa se eleva. Estas alteraciones en el nivel de la litosfera se denominan cambios isostáticos. La secuencia representada arriba muestra los cambios isostáticos originados en Escandinavia hace 30 000 años por un casquete glaciar.

*El mar de Ross, en la Antártida (arriba) se encuentra rodeado por una banquisa y por los icebergs desgajados del casquete principal.*

*Playa elevada en la isla de Mull, Escocia. La tierra se ha elevado y la antigua orilla ha emergido y se encuentra a un nivel más alto.*

# RÍOS DE HIELO

LOS GLACIARES DESCIENDEN trazando curvas por los valles de muchas de las cordilleras terrestres. Estas grandes masas de hielo están formadas por capas de nieve que se fue acumulando hasta que su peso provocó la compactación y el hielo. El espesor y el peso hicieron que el hielo comenzara a fluir en todas las direcciones sobre el relieve, como los casquetes abovedados de Groenlandia y la Antártida, o a descender por los valles, como el glaciar Athabasca, que se representa en estas páginas. El hielo del glaciar se desplaza lentamente, menos de un metro al día. Al presionar contra los lados de los valles por los que desciende, el glaciar arranca las rocas, que son transportadas por la pendiente junto con el hielo. Por último, en el fondo del valle, donde se derrite el glaciar, se forman grandes acumulaciones de rocas, cantos angulosos y piedras pequeñas. En la actualidad es más rápida la fusión en la mayor parte de los glaciares que la formación de hielo en las cumbres montañosas, lo que significa que los hielos están disminuyendo. El límite de los glaciares está retrocediendo desde hace 10 000 años.

### El helado Athabasca

El glaciar Athabasca se encuentra en las montañas Rocosas de Alberta, en el oeste de Canadá.

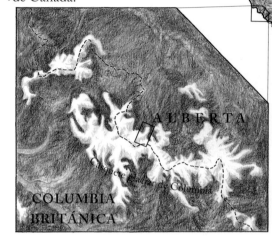

## EL GLACIAR ATHABASCA

El glaciar nace en el casquete de Columbia, en las montañas nevadas que rodean el monte Columbia, de 3 747 m de altura. Antiguamente el casquete glaciar fue mucho más grande, e incluía los glaciares de los valles laterales. En la actualidad el nivel de los hielos ha descendido y esos glaciares ya no están unidos al casquete, sino que han quedado aislados sobre el valle principal. El extremo del glaciar es un montón de cantos angulosos y fragmentos rocosos que se conoce como morrena frontal. El agua resultante del deshielo del glaciar alimenta al río Athabasca, que desagua en la bahía de Hudson y el océano Glacial Ártico, a miles de kilómetros de distancia.

### Valle colgado

Este valle, excavado hace mucho tiempo por un glaciar afluente, ahora «cuelga» a un lado del valle principal.

*Un río de hielo derretido fluye entre las rocas en la boca de un glaciar noruego. Las rocas han quedado pulidas por la acción de los sedimentos atrapados en el glaciar, que actúan como una lija.*

*El extremo del glaciar presenta un color gris por los guijarros angulosos y rocas pulverizadas que hay en el hielo*

### La grava del glaciar

El glaciar pule a su paso los sedimentos, como la grava depositada por un glaciar anterior, formando colinas largas y ovaladas llamadas drumlins. Estas colinas aerodinámicas pueden alcanzar alturas y longitudes de 50 y 2 000 m, respectivamente. Los drumlins suelen aparecer agrupados, formando un paisaje de «cesta de huevos».

*Morrena depositada por un glaciar anterior*

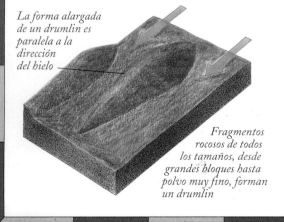

*La forma alargada de un drumlin es paralela a la dirección del hielo*

*Fragmentos rocosos de todos los tamaños, desde grandes bloques hasta polvo muy fino, forman un drumlin*

### Cordones rocosos

Estos cordones de sedimentos rocosos son las morrenas frontales que dejó el glaciar cuando era más largo y voluminoso. Ahora, la grava está siendo erosionada y arrastrada por los ríos procedentes del deshielo.

### Río lechoso

El agua del deshielo surge de las oquedades del glaciar originando un río. El agua presenta un color verde lechoso por el fino polvo rocoso que contiene.

*El lago, alimentado por el deshielo del glaciar, está represado por los fragmentos rocosos y material fino de la morrena frontal*

### Hielo en movimiento

Cuando el hielo del glaciar alcanza el espesor suficiente, comienza a moverse impulsado por su propio peso.

### Crevasses

Un tipo de grieta glaciar producida cuando la masa de hielo salva un cambio de pendiente.

*Las nevadas invernales incrementan el nevero que alimenta al glaciar*

### Una fuerte pendiente

La pendiente de la cabecera del glaciar es pronunciada debido a que la lengua ha arrancado las rocas de la ladera.

### Rocas pegadas al glaciar

El agua del deshielo gotea filtrándose por las grietas de las rocas sobre las que descansa el glaciar. Al congelarse de nuevo por debajo, aumenta su volumen y rompe la roca, que es entonces arrastrada por el glaciar en su movimiento.

*La pared trasera de las montañas se mantiene firme y escarpada*

### El casquete glaciar

Al expandirse el casquete, el hielo glaciar se desliza hacia abajo esquivando los picos.

*El agua del deshielo gotea por debajo del glaciar*

### El interior del glaciar

En el interior, el hielo presenta un color blanco sucio por los numerosos fragmentos rocosos que arrastra y que van raspando el lecho del valle.

### Morrenas

Los fragmentos rocosos quedan atrapados dentro del hielo formando franjas alargadas denominadas morrenas. Cada fragmento tarda miles de años en trasladarse desde las cumbres hasta la boca del glaciar, donde se deposita en un largo cordón conocido como morrena terminal.

*Al confluir dos glaciares en las montañas de Suiza, sus morrenas laterales convergen formando una franja oscura en el centro, la morrena central.*

*El glaciar se ha borrado en el dibujo para mostrar cómo se ha ensanchado y excavado el valle en forma de U, en el que se aprecia el fondo estriado*

### Rompehielos

La superficie de la montaña es meteorizada por el agua del deshielo que fluye por las grietas y que, al congelarse de nuevo por la noche, dilata y resquebraja las rocas.

### Superficies pulidas

El hielo y su carga rocosa raspan las paredes y el suelo del valle, dejando una superficie suave, pulida y, a veces, estriada.

## VALLES GLACIARES

El glaciar ensancha y profundiza su valle al excavar las laderas de la montaña. Desde fragmentos de roca a grandes bloques, el hielo arranca todo a su paso. Esto sucede cuando el agua filtrada por las grietas de la roca del lecho se congela, la resquebraja y sus fragmentos se incorporan al glaciar. El hielo cargado de piedras presiona y raspa las paredes y el suelo del valle. Los fragmentos de roca desprendidos de la montaña caen a los lados del glaciar y son arrastrados.

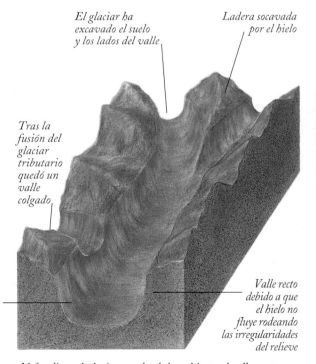

*Valle ocupado por los hielos*

*Morrena central en la confluencia de dos glaciares*

*Un glaciar menor que se une a otro es conocido como tributario*

*El glaciar ha excavado el suelo y los lados del valle*

*Ladera socavada por el hielo*

*Tras la fusión del glaciar tributario quedó un valle colgado*

*El valle glaciar presenta paredes escarpadas y un suelo plano (valle en U)*

*Valle recto debido a que el hielo no fluye rodeando las irregularidades del relieve*

Dos glaciares confluyen formando una lengua más grande que inunda de hielo el valle. Un glaciar más pequeño procedente de un valle lateral se funde con el glaciar principal.

Al fundirse el glaciar queda al descubierto el valle recto en forma de U. Los valles tributarios cuelgan a un nivel superior al del valle principal.

# LOS DESIERTOS

ENTRE LOS LUGARES MÁS DESOLADOS de la Tierra se encuentran los desiertos, zonas áridas donde apenas hay vida. Algunos desiertos son cálidos y secos durante todo el año, otros son secos y tienen inviernos extremadamente fríos, y también son desiertos las heladas tierras del Ártico y de la Antártida. En todos ellos, los suelos son finos o no existen, lo cual explica la escasez de vegetación. El terreno se halla cubierto de piedras, rocas desnudas o dunas móviles de arena. La dispersión de la vida vegetal sólo permite la supervivencia de algunas criaturas. En los desiertos llueve muy poco. Apenas caen unos cuantos centímetros de agua al año, y algunos años no llueve absolutamente nada. El aire seco del desierto hace que el agua que pueda haber en la superficie se evapore con rapidez. Durante las escasas tormentas, el agua fluye por el terreno sin encontrar plantas capaces de retenerla. La tierra se inunda fugazmente y se forman lagos que se secan muy rápido, dejando llanuras salinas. En este mapa se representan las regiones desérticas del planeta.

*En las tundras del extremo septentrional de Norteamérica casi toda el agua se congela bajo la superficie*

NORTE-AMÉRICA

*El aire de tierra adentro es seco porque las montañas próximas a la costa del Pacífico acaparan todas las lluvias*

Valle de la Muerte

Sonora

OCÉANO

Trópico de Cáncer

OCÉANO PACÍFICO

Ecuador

SUR-AMÉRICA

*Las corrientes oceánicas frías que fluyen paralelas a la costa suramericana afloran enfriando el viento. La humedad forma nieblas en la costa, y casi no llega al desierto de Atacama.*

Trópico de Capricornio

Atacama

## CALOR, ARIDEZ Y DEPRESIÓN

El valle de la Muerte encabeza la lista del continente americano en cuanto a temperaturas más altas, lluvias más escasas y mayor depresión bajo el nivel del mar. Este valle cerrado es un desierto debido a que los vientos húmedos procedentes del océano Pacífico descargan toda la lluvia sobre las montañas próximas a la costa. En el valle no hay suelo y la vegetación es muy escasa. En las raras ocasiones en que llueve, el agua se desliza sobre la roca desnuda arrastrando todos los fragmentos de roca y arena que encuentra a su paso. Al pie de las escarpadas laderas de las montañas se acumula el áspero material rocoso, mientras que la arena y los aluviones salinos se extienden por el cálido suelo del valle, donde se desecan. Abajo se ilustran dos secciones del valle de la Muerte.

NEVADA

Llanos de Mesquite

Sección 1

Desierto de Amargosa

Valle de la Muerte

Sierra de Amargosa

Sección 2

Sierra de Panamint

CALIFORNIA

*Imagen de uno de los numerosos fondos lacustres desecados del desierto de Atacama, en Chile, probablemente el lugar más seco de la Tierra.*

### El valle de la Muerte

El valle de la Muerte es uno de los cientos de valles cerrados endorreicos y salinos que hay en los estados de California, Utah y Nevada, en el oeste de EE UU.

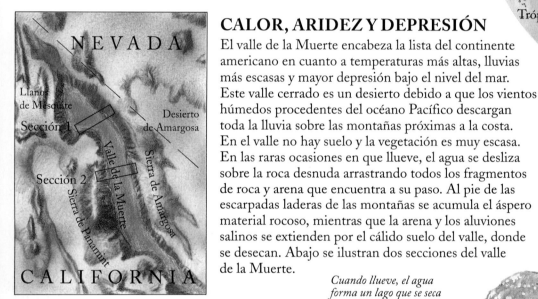

*Cuando llueve, el agua forma un lago que se seca por el efecto de los cálidos rayos solares*

Pico Thimble

Monte Perry

*En las abruptas laderas de las montañas no hay vegetación*

*Pequeños fragmentos de roca son arrastrados por el viento y se acumulan formando dunas*

Llanos de Mesquite

Vista de Dante

Cuenca de Badwater

Cañón del valle de la Muerte

Mayor depresión de Norteamérica: 86 m bajo el nivel del mar

*El valle se formó por el hundimiento de bloques de la corteza a lo largo de las líneas de falla*

*Cuando llueve, el barranco seco o uadi se convierte en un furioso torrente de agua fangosa*

Cañón de Hanaupah

### Llanos salinos

En los desiertos rara vez hay agua suficiente como para formar un lago, pero las tormentas y riadas forman uno de escasa duración denominado playa o salina. Al desecarse esta playa, las sales disueltas en el agua recristalizan, dejando una capa brillante de sal sobre el suelo plano del valle. La sal adquiere mayor espesor cada vez que la playa se inunda y vuelve a secarse.

*El agua arrastra sedimentos sueltos por los uadis que se acumulan en abanicos aluviales en la base del cañón*

*En la llanura, la sal cristaliza a partir del agua acumulada*

*Esta línea representa el nivel del mar*

*A lo largo de esta falla se han separado las dos partes del valle*

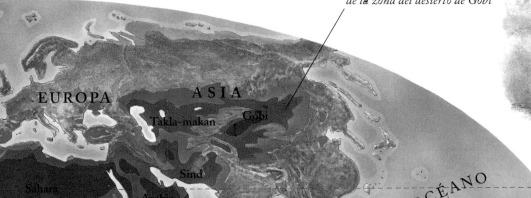

El Sáhara (el territorio árido más extenso del mundo) y el desierto de Arabia ocupan regiones tropicales cálidas y secas al norte del ecuador

Los desiertos de Gobi y Takla-makan se encuentran en el centro de un gran continente, lejos de la influencia de los vientos húmedos

El levantamiento del Himalaya impidió el paso del aire húmedo hacia el interior de Asia, lo cual determinó la aridez de la zona del desierto de Gobi

EUROPA    ASIA

Takla-makan    Gobi

Sind

Sáhara    Arabia

ÁFRICA

Rub al Jali

OCÉANO ÍNDICO

ATLÁNTICO

OCÉANO PACÍFICO

Casi dos terceras partes de Australia están ocupadas por el desierto; la aridez es mayor en las mesetas llanas y yermas del centro

Namibia

AUSTRALIA

Gibson    Simpson

Al igual que el de Atacama, el desierto de Namibia es frío por la influencia de las corrientes oceánicas próximas

Kalahari

Bajo las arenas del desierto de Kalahari se extiende una meseta constituida por lava que afloró hace 65 millones de años

OCÉANO GLACIAL ANTÁRTICO

ANTÁRTIDA

## Vientos violentos

El viento levanta tormentas de polvo en los desiertos, moviendo y depositando de nuevo finas partículas de sedimentos y arena. Estas tormentas se denominan haboobs, palabra árabe que significa «viento violento».

## Desiertos tropicales

En los desiertos tropicales caen lluvias estacionales, a veces de manera torrencial, pero hace tanto calor que la humedad se pierde rápidamente como consecuencia de la evaporación.

## CLAVE DEL MAPA

- Regiones extremadamente áridas, donde no llueve durante años
- Regiones áridas, donde cualquier precipitación se evapora rápidamente
- Regiones semiáridas, donde se registran 50 cm de lluvia al año
- Regiones de tundra helada, donde el aire frío y seco determina la escasez de lluvia

## Desiertos helados

Pese a la enorme cantidad de agua de las regiones de Groenlandia y la Antártida, éstas se consideran desiertos debido al intenso frío, que hace que toda esa agua se encuentre congelada y no pueda ser utilizada por los seres vivos. En Groenlandia llueve a veces, pero en la Antártida las escasas precipitaciones son siempre en forma de nieve. Algunos lugares son tan áridos que el hielo se evapora por sublimación en el viento seco.

## Las dunas del desierto

Al pensar en el desierto, mucha gente se imagina las dunas, colinas de arena depositada por el viento. En realidad, sólo el veinte por ciento de los desiertos del mundo son arenosos. En algunos de ellos, la roca subyacente se halla cubierta por unos pocos centímetros de arena, mientras que en otros la cantidad es tan grande que pueden formarse dunas de hasta 500 m de altura. Una pequeña acumulación de arena es capaz de frenar y atrapar a otros granos en movimiento, de manera que la duna se hace más grande.

Estas dunas de arena se alzan en el desierto del Sáhara, en Argelia.

## DUNAS DE ARENA

La forma de las dunas depende de la fuerza y la dirección del viento. Las dunas con forma de media luna (barjanes) se originan cuando el viento mueve más deprisa los extremos de esa media luna que la parte central. Las dunas longitudinales se encuentran en lugares donde el viento es fuerte y constante.

### Barjanes

Los extremos de la media luna apuntan hacia donde va el viento

Estas dunas se forman en terrenos duros y llanos donde el viento sopla regularmente en la misma dirección

### Dunas longitudinales

Las dunas se disponen en líneas rectas

El viento se arremolina esparciendo la arena hacia los lados y formando cordones alargados

## Cómo se mueven las dunas

Las dunas de arena se trasladan, en algunos casos, unos 25 m cada año. El viento va elevando poco a poco la ladera más suave de la duna, mientras la otra se va haciendo más empinada hasta que se derrumba en una avalancha. La arena se dispone entonces en capas en pendiente, paralelas a las líneas de cada avalancha; es lo que se conoce como estratificación cruzada.

La duna se mueve en esta dirección, empujada por el viento

Las dunas antiguas son cubiertas por las nuevas

La arena de las dunas antiguas se compacta, manteniendo su estructura

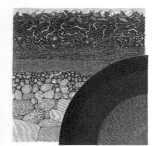

# LA VIDA SOBRE EL SUELO

Sin el suelo, la vida en la Tierra sería muy escasa. El suelo constituye el vínculo entre la vida y la parte mineral del planeta, que mantiene a las plantas y alimenta a los animales. El suelo se forma allí donde las rocas son meteorizadas, quedando un manto de partículas que aportan su contenido de elementos químicos de manera que puedan ser aprovechados por los vegetales. En el suelo hay tierra, aire y agua. También hay abundante materia orgánica, como las raíces de las plantas, los hongos, los escarabajos y las lombrices, además de microorganismos, como bacterias y algas. El agua y el aire del suelo son vitales para las plantas; tanto si se inunda como si no hay nada de agua, las plantas y animales se mueren y el suelo desaparece. Un suelo profundo y rico tarda mucho tiempo en desarrollarse sobre la roca subyacente.

### Las laderas en el mundo

Estos perfiles de suelo se encuentran en tres climas diferentes: templado, árido y tropical. El espesor y la riqueza del suelo dependen del clima y de otros muchos factores: el tipo de roca subyacente, la edad del suelo, el paisaje, el drenaje, la vegetación y la diversidad de animales que viven en la zona y sus alrededores.

### Suelo de clima templado

En un clima templado, el suelo de la ladera tiene un espesor mayor en el valle, debido a que la lluvia y la escarcha —y la gravedad— trasladan la tierra hacia el fondo.

*Las raíces penetran en el suelo y canalizan el aire y el agua, evitando la denudación del suelo por las fuertes lluvias, ya que frenan las aguas de arroyada.*

## PERFIL DEL SUELO

Si perforamos el suelo hasta la roca madre podremos ver su perfil completo. Los suelos se componen de varias capas conocidas como horizontes. Cada uno tiene sus propias características físicas, químicas y biológicas. La capa superficial es rica en materia orgánica. Debajo está el subsuelo, zona de acumulación de nutrientes donde penetran algunas raíces. A mayor profundidad se encuentra el horizonte que contiene un estrato de fragmentos de roca y guijarros desprendidos de la roca madre.

### Una imagen ampliada del suelo

Esta imagen muestra una sección del suelo vista a través del microscopio. En ella se aprecian los materiales vegetales y animales en descomposición que, una vez mineralizados, servirán de alimento a las plantas vivas que crecen en el suelo. El agua y los gases, junto con microorganismos y algas diminutas, rellenan los huecos.

*Entramado de raíces en la capa superficial del suelo*

*Conejera*

### La superficie del suelo

En la capa superficial del suelo, oscura y rica, se extiende un entramado de plantas y raíces. Esta capa contiene humus bruto, formado por residuos de plantas y animales que se descomponen para constituir elementos químicos simples. A este proceso contribuyen las bacterias y los hongos.

*Los escondrijos de los animales, ya sean orificios hechos por pequeñas lombrices o grandes madrigueras de conejo o tejón, permiten que el aire penetre en el suelo y que el agua circule*

### Subsuelo

La materia orgánica es menos abundante en el subsuelo. Éste contiene gran cantidad de partículas minerales desprendidas de la roca madre, que aportan nuevos elementos nutritivos que enriquecen el suelo (humus elaborado).

### La roca subyacente

La roca madre se encuentra en el fondo del perfil del suelo. La naturaleza de esta roca es uno de los factores que determinan la composición del suelo que sustenta. Algunas contienen más elementos químicos útiles para nutrir a las plantas y constituyen suelos más ricos.

*Tejidos leñosos descomponiéndose para formar humus*

*El aire y el agua llenan los huecos del suelo*

### Residuos orgánicos

Los animales comen la hierba y las hojas de los arbustos y a cambio dejan sus excrementos, que fertilizan el suelo. Las hojas y ramas caídas también se descomponen formando el humus.

*El humus y los granos de arcilla presentan superficies grandes y esponjosas capaces de mantener e intercambiar los elementos nutritivos*

### La roca madre

La continua meteorización de la roca madre que sustenta el suelo contribuye a incrementar el grosor de éste. La textura básica del suelo depende en gran medida del tipo de roca madre sobre la que se forma.

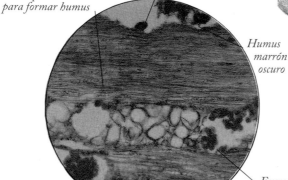

*Humus marrón oscuro*

*Excrementos del microorganismo que se ha comido el tejido leñoso*

## LOS SUELOS DE LAS LADERAS

El suelo va descendiendo constantemente. Cuando las laderas son aradas, o desaparece la vegetación en invierno, las lluvias torrenciales pueden arrastrar el suelo hacia el valle. Los animales también pueden provocar el movimiento descendente del suelo al andar por laderas empinadas o construir madrigueras en ellas. Cada vez que cae una helada, el hielo levanta algunas partículas del terreno que luego se depositarán más abajo en la pendiente. A esto se le llama reptación.

## Suelo de clima árido

Durante las ocasionales tormentas, la escasa vegetación de una zona árida es incapaz de evitar el transporte del suelo por las laderas, con lo que éste se erosiona con facilidad. Cuando el ambiente está seco, el suelo se levanta con el viento.

*En la cima rocosa de la colina no hay suelo. Las rocas se agrietan como consecuencia de los cambios de temperatura entre el día y la noche y entre el invierno y el verano (meteorización mecánica)*

## Suelo de clima tropical

Las densas raíces de los árboles y arbustos de la selva crecen rápidamente y sujetan el suelo, de manera que su espesor es grande tanto en las laderas como en los valles de las zonas de clima tropical.

*La vegetación tropical crece rápidamente y mantiene a numerosas especies animales*

*Las bacterias y los hongos actúan con rapidez en las zonas tropicales de clima cálido y húmedo*

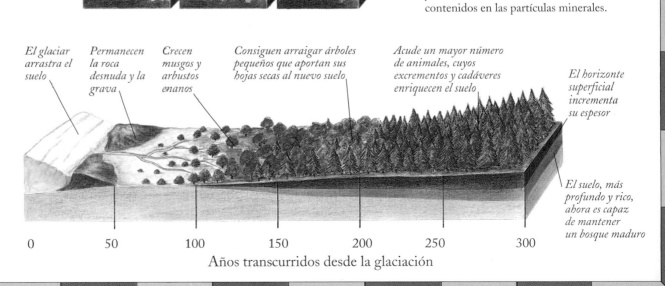

*Una zona de Estados Unidos conocida como el Erial Polvoriento fue devastada por tormentas de arena en la década de 1930. Estas tormentas sepultaron granjas y carreteras e imposibilitaron los cultivos. El suelo había sido arado y la cosecha se había recogido, de manera que no quedaban raíces capaces de sujetar el suelo formado, que se secó y voló con el viento.*

*La roca se meteoriza rápidamente en las zonas de clima tropical, enriqueciendo el suelo con elementos nutritivos*

### La resistencia del suelo de la zona tropical

La humedad y la rápida meteorización de la roca hacen que el suelo vaya incrementado su espesor. Pese a las intensas lluvias, el suelo no se desliza, puesto que las raíces de las plantas lo sujetan. Cuando las plantas mueren, devuelven al suelo los elementos nutritivos.

*Debido a la escasa humedad necesaria para mantener la vegetación, el suelo de las zonas áridas contiene poco humus*

*Las partículas minerales secas se levantan con el viento porque hay pocas raíces que puedan sujetar el suelo*

*En las zonas de clima seco, el desgaste de la roca madre es demasiado lento y no puede compensar la pérdida de suelo producida por el viento*

*El clima cálido y húmedo, junto con la fuerte insolación, permite el crecimiento rápido*

*Al morir, las plantas se descomponen y se integran en el suelo*

*La meteorización de las rocas también contribuye a engrosar el suelo*

*La superficie pedregosa que queda contiene poco suelo*

## En el valle

La humedad y la continua meteorización de las rocas subyacentes contribuyen a mantener el rico humus en el valle, formando un suelo que capaz de nutrir a numerosas plantas.

### La erosión del suelo de zona árida

El suelo de zona árida sustenta pocas plantas y raíces que puedan sujetarlo. Las partículas minerales son levantadas fácilmente por el viento, aunque pueden acumularse en otro lugar para constituir un suelo profundo y fértil, rico en elementos nutritivos contenidos en las partículas minerales.

## CÓMO SE FORMA EL SUELO

En este dibujo se muestra el proceso de formación del suelo en una zona de clima frío. Los glaciares arrastran todos los suelos que encuentran a su paso y, al derretirse, un nuevo suelo comienza a formarse a partir de la erosión de la roca. Hay pocas especies de animales y plantas que puedan contribuir a la creación de humus. Musgos y arbustos enanos inician el proceso de desgaste de la roca madre, creando un entramado que empieza a sujetar el nuevo suelo.

*El glaciar arrastra el suelo*

*Permanecen la roca desnuda y la grava*

*Crecen musgos y arbustos enanos*

*Consiguen arraigar árboles pequeños que aportan sus hojas secas al nuevo suelo*

*Acude un mayor número de animales, cuyos excrementos y cadáveres enriquecen el suelo*

*El horizonte superficial incrementa su espesor*

*El suelo, más profundo y rico, ahora es capaz de mantener un bosque maduro*

| 0 | 50 | 100 | 150 | 200 | 250 | 300 |

Años transcurridos desde la glaciación

# LOS ELEMENTOS DE LA TIERRA

LOS MILLONES DE ESTRELLAS del universo crearon hace mucho tiempo los elementos constitutivos de nuestra Tierra. Cada estrella era una fábrica de elementos químicos que convertía el hidrógeno y el helio en elementos más pesados. Algunas estrellas hicieron explosión al morir, esparciendo sus materiales por el universo. Después, hace 5 000 millones de años, parte de ese polvo de estrellas se unió para formar el Sistema Solar. Desde su formación, el planeta Tierra ha configurado y reagrupado los elementos químicos que lo constituyen. Su superficie sólida se compone de rocas que, a primera vista, parecen extraordinariamente variadas. Sin embargo, la mayor parte de las rocas terrestres se compone de un pequeño número de minerales distintos. Menos de diez de los aproximadamente cien elementos químicos que se conocen en la Tierra se encuentran en estos minerales constitutivos de las rocas. Los diminutos átomos que se combinan químicamente para constituir los minerales de la Tierra se componen de partículas aún más pequeñas, los protones, los electrones y los neutrones.

*Nubes blancas en la atmósfera, con formas giratorias (borrascas)*

*La superficie sólida y rocosa presenta tonos amarillos y verdes*

*Las nubes blancas se forman allí donde la atmósfera contiene masas de gotitas de agua*

*Los océanos muestran su color azul*

### La Tierra y sus vecinos

La Tierra es uno de los nueve planetas que giran alrededor de nuestra estrella local, el Sol, en órbitas más o menos circulares. Sólo Mercurio y Venus se encuentran más próximos al ardiente Sol.

### Choques en el espacio

En sus órbitas, los planetas pueden chocar con fragmentos rocosos más pequeños. En su mayor parte, estos fragmentos desaparecieron en los primeros 1 000 millones de años de la historia del Sistema Solar. Algunos se mantienen como asteroides, y otros caen sobre los planetas como meteoritos.

*Toda la vida de la Tierra depende de la luz y el calor del Sol*

*Los nueve planetas y sus cerca de setenta lunas se condensaron a partir de la misma nube de polvo y gas de la que surgió el Sol*

### El Sistema Solar

Hace más de 5 000 millones de años, en algún lugar del extremo de uno de los brazos de la espiral que constituye la Vía Láctea, comenzó a contraerse una nube de polvo. Se componía principalmente de hidrógeno y helio, pero también contenía elementos más pesados creados en anteriores explosiones de supernovas. A medida que la nube se iba calentando y espesando, la gravedad reunió en el centro una masa de materia, mientras que el resto del gas y el polvo se extendía formando un disco giratorio. La masa central se condensó convirtiéndose en el joven Sol. Los grupos menores de materia continuaron girando alrededor y dieron origen a los planetas del Sistema Solar.

*La explosión de una supernova brilla más que un billón de soles juntos*

## NACIMIENTO Y MUERTE DE LAS ESTRELLAS

Los elementos químicos más comunes en el universo son el hidrógeno y el helio. Los demás se crean en el interior de las estrellas. Éstas tienen un ciclo largo pero definido. El hidrógeno se convierte en helio en el núcleo de la estrella recién nacida, que presenta entonces un intenso brillo blanco debido a la energía luminosa y calorífica procedente de la fusión nuclear del hidrógeno. Cuando se ha consumido todo, la estrella comienza a morir. Algunas grandes estrellas explotan como supernovas. El enorme colapso que inicia su agonía produce una elevación de su temperatura y origina una síntesis de nuevos y más pesados elementos químicos. Poco después se produce una explosión que arroja los nuevos elementos al universo. Así se ha formado el conjunto de cerca de cien elementos químicos.

# EL PLANETA TIERRA

La superficie de la Tierra es distinta de las de los demás planetas. La Tierra está envuelta en una atmósfera gaseosa, y casi tres cuartas partes de su superficie sólida se hallan ocultas bajo una capa de agua. Esta atmósfera gaseosa y esta hidrosfera líquida se separaron de la parte sólida del planeta a lo largo de miles de millones de años. El elemento más común de la Tierra, su elemento químico básico, es el oxígeno. Aunque normalmente se presenta como un gas, el oxígeno se combina en las rocas del planeta con un elemento llamado silicio. Ambos quedan estrechamente unidos, lo que explica que las rocas silíceas que forman sean químicamente estables.

*El único planeta que tiene agua líquida es la Tierra; otros planetas son demasiado calientes o demasiado fríos*

*La atmósfera de la Tierra protege la vida de la superficie de algunos rayos dañinos del Sol*

## TABLA DE ELEMENTOS

*El hidrógeno y el helio son los elementos más comunes del universo*

*El carbono se origina en las estrellas cuando el hidrógeno y el helio se han consumido*

*El silicio se crea por el choque de núcleos de oxígeno y carbono*

*El hierro se crea por el choque de silicio con otros elementos*

*Elementos menos comunes se forman a partir de las explosiones de supernovas*

**Clave de la tabla**
- Elementos que forman rocas
- Elementos importantes
- Otros elementos

Abundancia relativa — Hidrógeno, Helio, Carbono, Oxígeno, Silicio, Hierro, Níquel, Plata, Oro, Plomo

Número atómico creciente (número de protones)

## Abundancia de elementos

Los elementos químicos son sustancias básicas que constituyen los minerales. La tabla que aparece arriba muestra los elementos del universo; hasta ahora se conocen 109, entre los que se incluyen 89 que se encuentran de manera natural en la Tierra. Algunos son mucho más comunes que otros. El hidrógeno es el elemento más simple y fundamental, y de él se derivan todos los demás. Por ejemplo, en el intenso calor de una estrella los núcleos de hidrógeno chocan y forman el helio. Cuando se ha consumido todo el hidrógeno la estrella utiliza sus núcleos de helio para crear carbono y oxígeno; el carbono da origen al magnesio, el oxígeno forma el silicio y, finalmente, el silicio se convierte en hierro. Otros elementos menos comunes se crean únicamente en las explosiones de supernovas.

*La serpentina es una roca hecha de cristales de olivino y piroxeno que se han transformado al incorporar agua en su estructura*

## Los elementos constitutivos de las rocas

Los minerales, materiales sólidos formados de manera natural con estructuras cristalinas, están constituidos por elementos químicos. Casi todas las rocas se componen de silicatos, formados por la estrecha unión del oxígeno con el silicio. Otros elementos comunes son el hierro, el magnesio, el aluminio, el calcio, el potasio y el sodio. Estos ocho elementos constituyen la mayor parte de las rocas de la corteza terrestre. Esta roca de serpentina es especialmente rica en hierro y magnesio, que le dan un tono oscuro.

## Combinaciones de minerales

Hay varios miles de tipos distintos de minerales, pero sólo son abundantes algunas decenas de ellos. Las rocas suelen estar compuestas por una combinación de tres o cuatro minerales comunes, con pequeñas proporciones de otros menos usuales. Las diferentes cantidades y los distintos tipos de minerales presentes proporcionan la enorme variedad de rocas que cubren la superficie terrestre, desde la blanda arena o la arcilla al granito, la caliza o el basalto. Esta imagen microscópica muestra una lámina de gabro, roca constituida principalmente por tres minerales, feldespato, olivino y piroxeno, y cantidades menores de óxido de hierro.

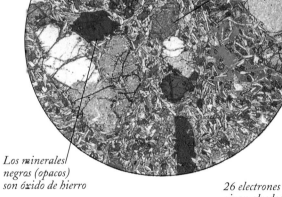

*Los cristales con franjas grises son de feldespato (plagioclasa)*

*El olivino tiene un color brillante*

*Los minerales negros (opacos) son óxido de hierro*

## Al microscopio

Con ayuda del microscopio pueden verse los distintos cristales de los minerales que constituyen las rocas. Si se cortan en láminas lo suficientemente finas, la mayor parte de los minerales son transparentes.

## La estructura de los átomos

El átomo es la partícula más pequeña de un elemento químico. Otras partículas aún menores, los protones (con carga eléctrica positiva) y los neutrones (con carga neutra) forman el núcleo del átomo. Los electrones (con carga negativa) giran formando una nube en torno al núcleo. Cada elemento químico posee un número distinto de cada tipo de partícula. El número de protones y de electrones determina el modo en que unos elementos químicos se combinan con otros para constituir minerales. A la derecha se ilustran las estructuras atómicas de tres elementos: el hidrógeno, el carbono y el hierro.

*Núcleo de un protón*

*Núcleo de seis protones y seis neutrones*

*Seis electrones en torno al núcleo*

*26 electrones giran alrededor del núcleo*

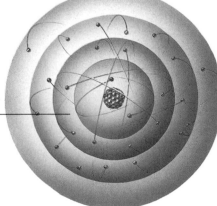

### Hidrógeno

El elemento más abundante en el universo, el hidrógeno, tiene el átomo más simple, con un solo protón rodeado por un electrón. El hidrógeno se combina con otros elementos para formar compuestos, como el agua.

### Carbono

Este elemento se forma en la fase terminal de la vida de una estrella. El carbono de los seres humanos, los árboles y las rocas procede de las estrellas.

### Hierro

El hierro es el elemento más abundante en el conjunto del planeta Tierra, pero se concentra principalmente en su pesado núcleo. Se encuentra presente en muchos minerales, y aporta su color a la mayor parte de las rocas. Es el elemento más pesado que se forma cuando muere una estrella normal.

# ROCAS ÍGNEAS

CUANDO EL PLANETA TIERRA se enfrió lo suficiente como para tener una corteza sólida, las rocas ígneas fueron las primeras que aparecieron en la superficie. Estas rocas siguen formándose en la actualidad a partir del magma expulsado por los volcanes, una vez enfriado y solidificado. Sin embargo, una parte del magma no alcanza la superficie, sino que se enfría bajo la corteza formando las rocas plutónicas. Muchos millones de años después, estas rocas plutónicas que se enfriaron a varios kilómetros de profundidad afloran a la superficie como consecuencia de levantamientos y procesos erosivos. Hay muchos tipos diferentes de rocas ígneas que cristalizan a partir de distintos tipos de magma y en condiciones también distintas. Se clasifican por su textura y por los minerales que contienen.

**Basalto con amígdalas**
Las burbujas de gas en la lava se rellenaron con minerales formando las amígdalas.

**Pegmatita**
La pegmatita habitualmente presenta cristales grandes.

## GRANITO

Si fuera posible colocar todas las rocas de un continente en una gigantesca máquina trituradora que las mezclara y fundiera y después se dejara enfriar y cristalizar la mezcla, el resultado sería la roca de granito. Es una de las rocas ígneas más comunes, y se encuentra en el núcleo de muchas cordilleras. Los primeros continentes estaban constituidos de roca similar al granito. Se compone de cuarzo y feldespato, más una pequeña cantidad de minerales oscuros, como la mica. Estos cristales pueden verse fácilmente: el cuarzo es gris, el feldespato puede ser rosa o blanco y la mica es negra.

**Mica**
Las motas oscuras y brillantes que se ven en algunos granitos son mica. En los granitos y pegmatitas con cristales grandes se pueden desprender finas láminas de mica.

**Cuarzo**
Uno de los minerales básicos del granito, el cuarzo, puede ser transparente, pero a veces es azul lechoso.

**Feldespato**
Las rocas ígneas se pueden clasificar por la cantidad y el tipo de feldespato que contienen. Este es uno de los minerales más comunes de la corteza terrestre.

Granito

**Gabro**
El gabro cristaliza lentamente, como el granito, pero contiene más minerales oscuros, y no tiene cuarzo.

**Ágata**
Las hermosas franjas de ágata se forman, capa sobre capa, rodeando las burbujas de gas del interior de la roca volcánica. La capa exterior de ágata es la que se forma en primer lugar, y después van apareciendo las demás, hacia el centro. A veces, el corazón del ágata está forrado de cristales de cuarzo.

**Diamante**
La sustancia natural más dura que se conoce. Su estructura densa es el resultado de una cristalización producida bajo una gran presión. Aflora a la superficie terrestre contenido en las chimeneas de kimberlita (roca) que proceden del manto.

*El diamante cristaliza a unos 100 km de profundidad*

**Plata**
Brillante y de color gris blancuzco, la plata es uno de los pocos metales que cristalizan a partir del magma sin combinarse con otros elementos químicos. Estos metales se denominan nativos, y casi no necesitan tratamiento para ser utilizados. Otros metales nativos son el oro, el platino y el cobre.

**Oro**
Algunos elementos químicos, como el oro, no cristalizan fácilmente en el momento en que el magma se enfría y solidifica. Se concentran en las últimas porciones del magma líquido y finalmente cristalizan en grietas llamadas filones, que se abren cuando el magma asciende.

## LAVAS

En esta página se muestran algunas de las rocas formadas a partir de la cristalización de la lava. La textura de las rocas depende del tipo de lava. Algunas lavas son muy calientes en el momento de la erupción y se extienden con rapidez al enfriarse. Otras, más frías, se mueven con lentitud, frenadas por los cristales que se van formando y desarrollando.

### Obsidiana

El enfriamiento brusco de la lava en la superficie no deja tiempo para la cristalización y se origina el llamado vidrio volcánico.

### Piedra pómez

Es una forma de espuma de lava que suele estar presente en las mismas erupciones que la obsidiana. Algunas piedras pómez son tan espumosas y tienen tantas burbujas que flotan en el agua.

### Basalto vesicular

El gas volcánico forma burbujas en el magma que pueden quedar atrapadas al solidificarse la lava. Las burbujas de esta roca se conocen como vesículas.

### Bomba volcánica

La lava basáltica caliente se enfría tan deprisa que los fragmentos despedidos al aire tras una explosión, se solidifican antes de caer al suelo.

*Este cristal incrustado en una roca ígnea es de augita, uno de los minerales de la familia de los piroxenos*

## BASALTO

Toda la corteza sólida de los océanos es de basalto, y en los continentes también son numerosas las grandes coladas de lava basáltica. El basalto se forma por fusión diferencial en el manto terrestre. Tiene granos finos y es oscuro debido a los minerales que contiene, principalmente piroxenos y olivino. Si el magma basáltico se enfría despacio, produce cristales más grandes; entonces se denomina dolerita, o gabro, cuando los cristales son muy grandes.

### Piroxenos

Constituyen un grupo de minerales oscuros y densos que forman parte del basalto, el gabro y la dolerita. Son ricos en los elementos químicos hierro y magnesio.

Basalto

### Lava cordada

El aspecto de esta roca se debe a los pliegues que ha creado el flujo de lava caliente en el recubrimiento externo, más frío.

*El azufre se extrae en los cráteres volcánicos. Los trabajadores que se dedican a ello ponen en peligro sus vidas diariamente*

### Feldespato

Las rocas oscuras y pesadas que aparecen en esta página contienen feldespato rico en calcio. Las rocas de granito más ligero contienen feldespato rico en sodio y en potasio.

### Olivino

Es un mineral verde brillante y pesado, rico en hierro y magnesio.

### Azufre

Estos cristales de color amarillo limón se encuentran en torno a muchos cráteres volcánicos y fuentes termales. A veces, el azufre se combina con otros elementos químicos para constituir sulfuros y sulfatos.

### Hematites

Son un óxido férrico (hierro oxidado). Los gases volcánicos dejan a veces ricos depósitos de hematites. El mineral de hierro se extrae de estos cristales marrones rojizos.

*Tornillo de acero hecho a partir del hierro*

### Galena

Es un sulfuro de plomo que a veces se presenta en grandes cristales brillantes. Suele formar una nube polvorienta de cristales diminutos en torno a las fumarolas.

*En virtud de su flexibilidad, el cobre sirve para fabricar tuberías curvadas*

*El plomo, que procede de la galena, presenta un bajo punto de fusión, lo cual lo hace idóneo como material de soldadura*

### Peridotita

Es una roca pesada y oscura que raramente se encuentra en la superficie terrestre. Es posible que el manto superior esté hecho de peridotita.

### Calcopirita

La mayor parte del cobre que hay en el mundo procede de los cristales brillantes de la calcopirita. En la ilustración de arriba, la calcopirita está mezclada con cristales de cuarzo blanco.

# ROCAS SEDIMENTARIAS

ACUMULADAS EN ESTRATOS, las rocas sedimentarias están hechas de materiales que previamente formaron otras rocas. Estos materiales se han creado como consecuencia de la erosión de rocas antiguas, cuyos fragmentos llegan a ser tan pequeños como para ser transportados o disueltos en agua. Estos fragmentos son transportados por el viento, los ríos y los glaciares, y finalmente se depositan en estratos sedimentarios junto con residuos vegetales y animales que quedan atrapados en medio. Con el tiempo, los estratos quedan sepultados y aplastados, endureciéndose y petrificándose para formar nuevas rocas. Las rocas sedimentarias presentan características que revelan sus orígenes: el tipo de roca que se erosionó y fragmentó en partículas, el medio de transporte y sedimentación y todos los procesos de litificación que convirtieron en roca sólida los sedimentos.

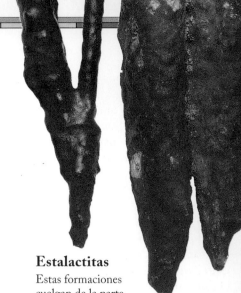

**Estalactitas**

Estas formaciones cuelgan de la parte superior de las cuevas allí donde se producen filtraciones de agua con una gran cantidad de cal disuelta, que va depositándose en el goteo.

Guijarros grandes e informes      Guijarros medianos e informes      Piedras pequeñas y finas      Fragmentos de roca      Arena de cuarzo

## GRANOS DE ROCA

Los guijarros, la grava y la arena que se depositan en el lecho de un río o en una playa constituyen la materia prima de la nueva roca sedimentaria. Al ser arrastrados juntos por el agua, los guijarros y los fragmentos de roca pueden fracturarse con los choques, al tiempo que son erosionados o disueltos químicamente. Al depositarse, los granos pueden quedar sepultados por otros estratos. El agua que se filtra a través de los estratos contiene a veces material rocoso disuelto. Cuando este material se separa de la disolución y cristaliza en torno a los granos rocosos, actúa como un cemento que los une formando la roca sedimentaria.

### Arenisca

Los granos de arena que forman la arenisca expresan la historia de la roca. Si su superficie aparece pulida puede tratarse de granos de cuarzo que se han acumulado en una playa. Los granos de arena que presentan una superficie mate, como el cristal de roca, indican que la arenisca se formó en un desierto.

### Brecha y conglomerado

Una playa pedregosa puede endurecerse y petrificarse para formar un conglomerado (abajo). Los guijarros y los granos de arena que se acumulan en los resquicios quedan firmemente unidos por un cemento rocoso.
La brecha (derecha) se forma del mismo modo, pero sus fragmentos son mucho más angulosos en los bordes.

*Bloques de piedra caliza, las rocas volcánicas fueron los materiales de construcción del Coliseo de Roma.*

*Los guijarros de pedernal redondeado de este conglomerado se han pulido al ser arrastrados por el agua*

*En el fondo de un acantilado pueden acumularse fragmentos angulosos de roca para formar la brecha*

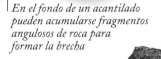

### Piedra de moler

Esta muela de cereales fue elaborada en época romana a partir de un duro conglomerado de guijarros de pedernal. La textura áspera de la superficie del conglomerado resulta idónea para la tarea.

### Bauxita

Es una mezcla de minerales de aluminio que queda expuesta en zonas de clima tropical cuando los demás elementos químicos de la roca han desaparecido a causa de la erosión.

*Las hojas de aluminio doméstico proceden de la bauxita*

# CALIZA

Resulta fácil ver granos de arena en una playa, los cuales pueden llegar a convertirse en arenisca, pero en el caso de la caliza sus elementos químicos son transportados de manera imperceptible, pues se disuelven en el agua. Los animales y plantas marinos toman el dióxido de carbono del agua. De esta manera se modifica el equilibrio químico del agua y, como consecuencia, los elementos químicos que constituyen la caliza, carbonato de calcio y de magnesio, se separan del agua para depositarse en gruesos estratos de fango calcáreo en el fondo marino. A partir de ese fango se formará la piedra caliza. Los carbonatos son los compuestos químicos que caracterizan el agua gorda.

## Arcilla

Minúsculos granos de arcilla desprendidos de otras rocas son transportados por el agua, aportando al río un aspecto fangoso. En la desembocadura, las partículas de arcilla se compactan y forman barro (izquierda), a partir del cual pueden surgir lutita litificada, arcilla o esquisto.

Plato y taza hechos de arcilla

Ladrillo de arcilla

## Caliza conchífera

Criaturas marinas, como los crustáceos, pueden contribuir a la formación de la roca caliza al absorber el carbonato de calcio disuelto en el agua para hacer sus conchas. Al morir el crustáceo, cae en el cieno calizo del fondo del mar o del lago y participa en la formación de la roca caliza, originando una lumaquela.

## Creta

Se trata de una caliza blanda y pura. Las paredes de creta de las montañas europeas están compuestas por los esqueletos de diminutas plantas flotantes que vivieron en el mar hace más de 65 millones de años.

## CÓMO SE FORMÓ EL CARBÓN

Al morir, los helechos arborescentes y los musgos que crecieron en antiguos terrenos pantanosos se sumergieron en las aguas estancadas. Después se comprimieron y formaron la turba. Cuanto mayor era la profundidad de la turba, más calor y densidad adquiría, transformándose en carbón por la presión. El carbón más profundo se convirtió en antracita, que presenta mayor dureza y concentración de carbono.

*Las plantas no se pudrieron, sino que formaron un estrato de turba. Los restos vegetales siguen siendo visibles.*

*El lignito es turba que ha sido comprimida bajo la tierra. La presión ha expulsado la mayor parte del agua. Aún pueden verse restos vegetales.*

## Ópalo

El ópalo, de vivos colores, rellena las grietas y oquedades de las rocas sedimentarias. A veces, el ópalo se mezcla con los fósiles atrapados entre las rocas, sustituyendo a la madera y a las conchas y conservando sus estructuras.

*Las capas de sílice refractan los colores*

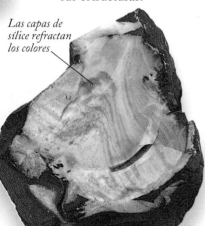

*Por su colorido, el ópalo es una atractiva gema*

Ópalo blanco

Ópalo negro

Ópalo sin labrar

*Bordes afilados en un cristal de yeso*

*Punta de flecha de sílex*

## Pedernal o sílex

Granos finos de sílice (el mismo elemento químico del cuarzo) constituyen el sílex. Las lascas de sílex se desprenden dejando bordes afilados, lo cual hace de esta piedra un material idóneo para la fabricación de cuchillos y puntas de flecha.

*La hulla es rica en carbono. Raras veces contiene fósiles de la materia vegetal que la constituye.*

*Los cristales de yeso de la rosa del desierto forman escamaciones parecidas a pétalos de rosa*

## Sal de roca

Al evaporarse un mar o un lago salado en una zona desértica, la sal que queda se endurece hasta convertirse en roca. El yeso es una de las sales que constituyen ese tipo de roca.

## Rosa del desierto

Al evaporarse el agua subterránea en el desierto, la sal que queda depositada, como el yeso, cristaliza. Estos cristales de yeso se disponen en torno a los granos de arena.

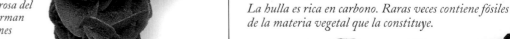

*La antracita quedó enterrada en el nivel más profundo. Presenta una superficie vidriosa, y sólo se aprecian en ella algunas de las laminaciones que se ven en la hulla.*

# ROCAS METAMÓRFICAS

LA DINÁMICA INTERNA terrestre condiciona que las rocas se dilaten, se compriman y… se transformen. Las rocas metamórficas están formadas por rocas preexistentes, bien sean sedimentarias, ígneas o metamórficas. Cuando una roca experimenta metamorfismo, sus minerales recristalizan y su textura original cambia. Normalmente, estos cambios se producen en las profundidades de la corteza terrestre, donde la temperatura y la presión son lo suficientemente elevadas como para hacer que las rocas recristalicen sin fundirse. La recristalización produce cristales más grandes y minerales distintos. Al mismo tiempo, las rocas pueden plegarse o fracturarse, adquiriendo una nueva textura en la que todas las partículas minerales queden alineadas conforme a las presiones que soportan. En esta doble página se describen varias rocas metamórficas.

**Cuarcita**
Cuando una roca de arenisca constituida completamente por partículas de cuarzo experimenta un proceso metamórfico, cada grano de arena adquiere un tamaño mayor o menor en respuesta al aumento de la presión. Los granos de arena, inicialmente redondeados, se unen entre sí, y los espacios intermedios se rellenan de cuarzo formando una nueva y resistente roca metamórfica, la cuarcita. Es una roca mucho más dura que el mármol.

Cuarcita

## DE CALIZA A MÁRMOL

El intenso calor transforma la caliza en mármol, una roca de granos regulares y textura similar a la del azúcar. La mayor parte de las calizas contienen algunos compuestos químicos distintos del carbonato de calcio que pueden quedar atrapados, como granos de arena o pequeñas acumulaciones de arcilla. Cuando el carbonato de calcio recristaliza formando el mármol, entra en reacción con esos otros compuestos químicos para formar nuevos minerales metamórficos, los cuales presentan numerosos colores. Estos minerales coloreados pueden aparecer en capas que se pliegan por las presiones del proceso metamórfico. Los pliegues en el mármol con vetas verdes, por ejemplo, indican que las capas sedimentarias originales se hicieron más finas y se compactaron al plegarse.

**Caliza**
La caliza grisácea puede transformarse en mármoles multicolores como los que se ven aquí.

Mármol veteado en verde

**Gneis**
El calor y la presión pueden transformar el granito o el esquisto en gneis que muestra delgadas franjas de mica oscura en torno a las manchas negras de feldespato.

**Gneis bandeado**
Las bandas alargadas de esta roca indican que la presión direccional fue intensa en el momento de la recristalización.

**Granito**
Esta roca ígnea se compone de cristales de cuarzo, feldespato y mica. Todos ellos son más o menos del mismo tamaño y se distribuyen de manera aleatoria por la roca.

## DE GRANITO A GNEIS

Al sufrir un proceso metamórfico, los cristales originales que constituyen el granito recristalizan. Si el metamorfismo no es muy intenso, la nueva roca mantiene el aspecto de granito, pero si se genera una presión direccional, como el aplastamiento que se produce en las cordilleras, la roca adoptará una nueva textura. El gneis presenta una textura foliada, con los minerales dispuestos en capas finas y aproximadamente paralelas. También puede formarse por transformación progresiva de una arcilla.

*El mármol blanco, compuesto de carbonato de calcio puro, se empleó para construir el Taj Mahal, en Agra, ciudad de la India septentrional. Este monumento está decorado con delicados dibujos confeccionados con teselas de colores, hechas de mármol y piedras preciosas, incrustadas sobre fondo blanco.*

**Migmatita**
Esta roca se formó a una temperatura tan alta que parte de ella se fundió. La migmatita no muestra ningún signo de la textura de la roca original, que probablemente fuera gneis. Sus franjas se han plegado intensamente.

*Sólo los cristales de berilo de color verde pueden denominarse esmeraldas*

*El zafiro pertenece a la misma familia que el rubí, pero tiene un color azul oscuro*

*Piedras talladas de jadeíta*

*El berilo tiene la misma composición química que la esmeralda*

*El rubí presenta un color rojo intenso debido a la presencia de cromo*

*Nefrita de jade procedente de Nueva Zelanda, formada por las elevadas presiones de la falla alpina*

*Vaso de jade de nefrita*

## Talco

Procede del metamorfismo de calizas húmedas con una proporción de arena. Es el mineral más blando que se conoce, y presenta una textura suave y escurridiza. Es el mineral que se emplea para elaborar los polvos de talco.

## Gemas

Las rocas a veces se empapan de líquidos acuosos durante el metamorfismo, lo cual contribuye a la recristalización formando cristales más grandes y transparentes. Muchos de los cristales que aquí se ilustran pueden tallarse y pulirse como gemas.

## Jade

Los minerales de jade son duros, lo que hace que resulten adecuados para la elaboración de gemas. Proceden del metamorfismo de rocas ígneas oscuras y suelen encontrarse en zonas de falla. Hay dos tipos: la nefrita y la jadeíta.

*El feldespato proporciona al mármol un color rosa pálido*

SIR JAMES HALL BART.

*El mármol blanco presenta una textura granulosa y regular que ha sido muy apreciada por los escultores desde los tiempos de la antigua Grecia.*

## Mármol rosa

Los cristales de piroxeno de color verde oscuro que aparecen en este mármol escocés se formaron en una caliza dolomítica.

## Mármol blanco

El mármol blanco del sur de España recristaliza a partir de una piedra caliza, compuesta de carbonato de calcio.

## Grosularia

Este tipo de granate puede ser anaranjado o verde. Las grosularias se encuentran en Sri Lanka y en Brasil.

## Pizarra negra

Cubos de pirita de color plateado motean esta roca.

## Esquisto con granate

Este esquisto desarrolla cristales de granate en respuesta a las altas temperaturas y presiones.

## Micacita

Los cristales de mica le confieren un aspecto brillante.

## DE ARCILLA A ESQUISTO

Una piedra gris y opaca puede transformarse, a través de un proceso metamórfico, en una roca brillante, coloreada y cristalina. Las diferentes temperaturas y presiones dan lugar a distintos tipos de minerales nuevos. Las rocas que se ilustran aquí forman una secuencia de izquierda a derecha, de manera que las temperaturas y las presiones a las que se han formado las rocas van ascendiendo en ese sentido.

## Granates

Los granates constituyen un grupo de minerales que se encuentran en rocas metamórficas. Forman cristales de muchos colores distintos derivados de la composición química de la roca original. El almandino, por ejemplo, extrae su rico color marrón rojizo del hierro que contiene. El granate es un mineral denso y duro, y su resistencia hace que se utilice como abrasivo para afilar y pulir objetos.

Almandina

Hessonita

Piropo

Demantoide

## Lutita gris

Es una roca sedimentaria formada en mares o lagos.

## Esquisto con cianita

Sus cristales de color azul pálido se formaron en el profundo y cálido interior de una cordillera.

# LA EDAD DE LA TIERRA

EL PLANETA TIERRA tiene 4 500 millones de años, una edad tan grande que resulta difícil de imaginar. Los primeros 3 500 millones de años abarcan los acontecimientos que aún configuran su superficie: la primera corteza sólida, la primera forma de vida, los orígenes de los continentes y de la atmósfera y el inicio de la tectónica de placas. Hace unos 570 millones de años se produjo una gran explosión de vida, y poco a poco surgió la diversidad de plantas y animales que pueblan ahora la Tierra. Los restos de algunas de estas formas de vida han quedado atrapados en las rocas como fósiles, los cuales permiten a los geólogos elaborar un cuadro de la larga historia del planeta.

*Los fósiles aportan valiosas pistas sobre el origen (y la extinción) de las formas de vida terrestres. En este grabado del siglo XIX, unos geólogos excavan restos fósiles de un mosasaurio en una caverna holandesa.*

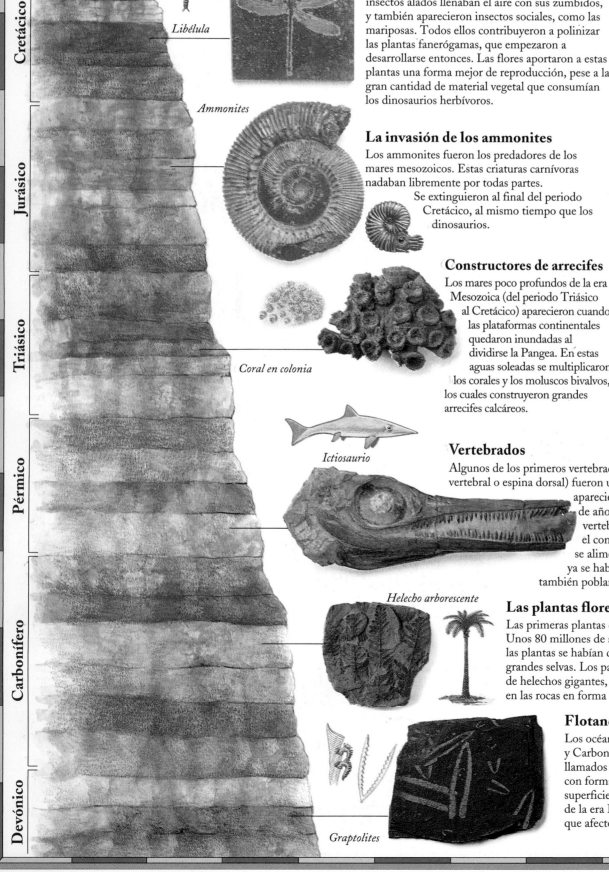

### El zumbido de los insectos

Durante el periodo Cretácico las libélulas y otros insectos alados llenaban el aire con sus zumbidos, y también aparecieron insectos sociales, como las mariposas. Todos ellos contribuyeron a polinizar las plantas fanerógamas, que empezaron a desarrollarse entonces. Las flores aportaron a estas plantas una forma mejor de reproducción, pese a la gran cantidad de material vegetal que consumían los dinosaurios herbívoros.

*Libélula*

*Ammonites*

### La invasión de los ammonites

Los ammonites fueron los predadores de los mares mesozoicos. Estas criaturas carnívoras nadaban libremente por todas partes. Se extinguieron al final del periodo Cretácico, al mismo tiempo que los dinosaurios.

### Constructores de arrecifes

Los mares poco profundos de la era Mesozoica (del periodo Triásico al Cretácico) aparecieron cuando las plataformas continentales quedaron inundadas al dividirse la Pangea. En estas aguas soleadas se multiplicaron los corales y los moluscos bivalvos, los cuales construyeron grandes arrecifes calcáreos.

*Coral en colonia*

*Ictiosaurio*

### Vertebrados

Algunos de los primeros vertebrados (animales con columna vertebral o espina dorsal) fueron unos peces primitivos que aparecieron hace unos 400 millones de años. Posteriormente los vertebrados terrestres dominarían en el continente de la Pangea. Algunos se alimentaban de plantas, las cuales ya se habían extendido. Los vertebrados también poblaron los mares y los cielos.

*Helecho arborescente*

### Las plantas florecen en la Tierra

Las primeras plantas datan del periodo Ordovícico. Unos 80 millones de años después, en el Carbonífero, las plantas se habían diversificado para formar grandes selvas. Los pantanos estaban llenos de helechos gigantes, cuyos restos se conservaron en las rocas en forma de carbón.

### Flotando en los océanos

Los océanos de la era Paleozoica (entre los periodos Cámbrico y Carbonífero) estuvieron poblados por animales marinos llamados graptolites. Muchos de ellos, como estas criaturas con forma de pinzas, vivían en colonias flotando en la superficie. Los graptoilites casi habían desaparecido a finales de la era Paleozoica, cuando se produjo una gran extinción que afectó a varias especies.

*Graptolites*

## LA HISTORIA EN LOS ESTRATOS

No hay lugar alguno en la Tierra donde las rocas de cada periodo de la historia geológica se encuentren acumuladas en orden sucesivo. En algunos sitios los estratos rocosos representan grandes secuencias temporales. En el Gran Cañón norteamericano, por ejemplo, las rocas abarcan toda la era Paleozoica (320 millones de años). Sin embargo, en muchos lugares, la erosión ha hecho desaparecer millones de años de la historia terrestre, y los pliegues y las fallas pueden haber mezclado los estratos existentes. Para entender la secuencia temporal completa, los geólogos comparan y correlacionan minuciosamente los grupos de rocas, elaborando una columna estratigráfica como la que se ilustra a la izquierda.

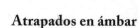

*Estos insectos existieron hace unos 40 millones de años*

### Atrapados en ámbar

No todos los fósiles se encuentran en las rocas. Estos insectos parecidos a los mosquitos quedaron atrapados en ámbar, una resina pegajosa que sale de los pinos. El ámbar se endureció conservando sus cuerpos.

*Cretácico*

*Jurásico*

*Triásico*

*Pérmico*

*Carbonífero*

*Devónico*

## Cómo se divide el tiempo geológico

La historia de la Tierra se divide en unidades de tiempo; el reloj geológico que se ilustra a continuación muestra cómo los largos eones se fragmentan en periodos más cortos. Los eones Arcaico y Proterozoico se conocen como era Precámbrica. Los últimos 570 millones de años constituyen el eón Fanerozoico.

## La fragmentación de la Pangea

El «supercontinente» de la Pangea comenzó a separarse hace 200 millones de años. Las rocas más antiguas que se han encontrado en la corteza oceánica también datan de esa época.

## El casquete polar de la Antártida

La Antártida se separó de los demás continentes meridionales hace 35 millones de años. La nieve que forma su casquete polar comenzó a acumularse.

## Las grandes montañas

El Himalaya se levantó rápidamente hace 25 millones de años.

## Las primeras flores

Las plantas con flor, como la magnolia, aparecieron en el Cretácico, al tiempo que se diversificaban las especies de insectos.

## Los dinosaurios dominan la Tierra

Una gran variedad de dinosaurios, algunos del tamaño de una gallina y otros con alturas de cuatro pisos, colonizó el globo durante los periodos Jurásico y Cretácico.

## Aparece el hombre

Los antepasados del hombre aparecieron hace unos 3 millones de años, aunque el moderno ser humano, el *Homo sapiens*, tuvo que esperar hasta hace 100 000 años.

## Los primeros bosques

En el periodo Carbonífero las plantas terrestres se desarrollaron formando exuberantes bosques tropicales.

## Los primeros peces

Al igual que la actual lamprea, no tenían mandíbulas.

## Mini-mamíferos

Los primeros mamíferos eran pequeños y se asemejaban a ratas. Fueron adaptándose a la vida en la época de los dinosaurios.

## Plantas terrestres

Las primeras plantas terrestres aparecieron durante el Ordovícico.

## El nacimiento de la Tierra

La Tierra se configuró como uno de los planetas que giran alrededor de una estrella, el Sol, hace 4 500 millones de años.

## El satélite solitario

La Luna es el único satélite natural de la Tierra. Sus rocas más antiguas tienen una antigüedad de 4 500 millones de años. Al igual que la Tierra, fue bombardeada por meteoritos durante sus primeros 1 000 millones de años.

## Cordados

Los animales con cuerda dorsal, o cordados, fueron probablemente los antepasados de los vertebrados.

## Las rocas más antiguas de la Tierra

Hasta ahora, las rocas más antiguas que se han hallado y datado sobre la Tierra tienen 3 800 millones de años. Se encuentran en Groenlandia.

## Trilobites

En el Paleozoico, los trilobites se alimentaban de fango del fondo marino.

CRETÁCICO

TERCIARIO Y CUATERNARIO

JURÁSICO

TRIÁSICO

PÉRMICO

CARBONÍFERO

DEVÓNICO

SILÚRICO

ORDOVÍCICO

CÁMBRICO

FANEROZOICO

PROTEROZOICO

ARCAICO

Hoy

570 m/a

2 500 m/a

## EL RELOJ DE LA HISTORIA TERRESTRE

En este reloj, los 4 500 millones de años de la historia de la Tierra se han comprimido en el espacio de 12 horas. La era Precámbrica ocupa más de 10 horas. Desde la explosión de las formas de vida en el comienzo del Cámbrico (hace 570 millones de años) hasta hoy han transcurrido los últimos 90 minutos. Los dinosaurios se extinguieron hace apenas nueve minutos (60 millones de años). Los primeros antepasados del hombre aparecieron en el último minuto, y la historia del *Homo sapiens* sólo ocupa el último segundo.

## Los primeros animales

Las plumas marinas y las medusas fósiles (los primeros invertebrados) vivieron hace 600 millones de años.

## De oxígeno a ozono

Las plantas aportaron el primer oxígeno a la atmósfera. Cuando hubo suficiente oxígeno, se formó una capa protectora de ozono (arriba).

## Subducción

La corteza oceánica se ha estado destruyendo por subducción durante 2 500 millones de años.

## Las antiguas algas

Las formas de vida fosilizadas más antiguas son los estromatolitos, algas verdeazuladas que vivieron hace 3 600 millones de años.

## Los continentes

Los primeros continentes se formaron hace entre 3 500 y 2 500 millones de años.

# ÍNDICE ALFABÉTICO

64